主　　编　李月新

执行编辑　石杰林

编　　委　蒋佩宏　苏比青　高远龙　王生岩　孙荣斌

　　　　　王　强　尤　薇　刘向东　何武东　张雨潇

　　　　　罗惠霞　杨　静　卢晓蕾

特约编审　党英才

主办　盐池县文化旅游广电局

承办　宁夏硬樱桃文化传媒有限公司

盐池非遗

李月新◎主编

黄河出版传媒集团
阳光出版社

图书在版编目（CIP）数据

盐池非遗 / 李月新主编. -- 银川：阳光出版社，
2024. 12. -- ISBN 978-7-5525-7751-8

Ⅰ. G127.434

中国国家版本馆CIP数据核字第2024YY3879号

盐池非遗   李月新 主编

责任编辑 赵 寅   陈建琼
封面设计 杨 恒
责任印制 岳建宁

黄河出版传媒集团
阳 光 出 版 社 出版发行

出 版 人 薛文斌
地   址 宁夏银川市北京东路139号出版大厦（750001）
网   址 http://ssp.yrpubm.com
网上书店 http://shop129132959.taobao.com
电子信箱 yangguangchubanshe@163.com
邮购电话 0951-5047283
经   销 全国新华书店
印刷装订 宁夏凤鸣彩印广告有限公司
印刷委托书号 （宁）0031628

开   本 720 mm×1000 mm 1/16
印   张 15.25
字   数 230千字
版   次 2024年12月第1版
印   次 2024年12月第1次印刷
书   号 ISBN 978-7-5525-7751-8
定   价 96.00元

前言

  盐池县地处陕、甘、宁、内蒙古四省区交界地带，历史悠久，汉初设县，长城文化、红色文化、农耕文化、游牧文化等多元文化相互交融渗透发展，形成了独具特色的民间地域文化，比较原生态地、完整地保存了一批传统的民间传说、传统音乐、曲艺、技艺、体育和游艺等遗产，这些具有地方文化特色的传统文化项目，在一定的区域、地域内传承和发展，一些项目仍然深受新时代群众的喜爱。为盐池县非物质文化遗产项目的保护和传承奠定了坚实的基础。

  近年来，盐池县文化旅游广电局坚持以习近平新时代中国特色社会主义思想为指导，立足丰厚的县域历史文化基础，坚持"保护为主、抢救第一，合理利用，传承发展"的工作方针，先后投入了大量的人力、物力、财力，切实抓好非物质文化遗产的普查、调查、申报、抢救、保护和传承等工作，有力地推动了非物质文化遗产项目的健康、有序发展，实现了有机制、有队伍、有阵地、有品牌、有产业的"五有"目标，不断推进全县非遗项目的创新性发展和创造性转化，取得显著成效。

  截至目前，盐池县共普查被公示了国家级项目 6 个（保护单位为宁夏文化馆），项目代表性传承人 1 人，自治区级非物质文化遗产项目 18 项，项目代表性传承人 14 人，吴忠市级非遗项目 28 项，项目代表性传承人 33 人，县级非遗项目 66 项，代表性传承人 51 人。自治区级非遗传承示范基地 6 个，建立非遗扶贫就业工坊 7 个，其中自治区级 2 个，全区先进非遗扶贫就业工坊 1 个。近三年非遗项目获得区级以上奖项 20 余个，其中，游九曲入选2021—2023 年度"中国民间文化艺术之乡"名单，2023 年被评为中国民间文化传承发展品牌提名案例。2022 年盐池县滩羊非物质文化遗产生态保护区被评为自治区级文化生态保护区，保护区重点保护盐池县非物质文化遗产、自然遗产、文化空间以及人文环境等，深度挖掘形成盐池滩羊独特品牌文化，促进滩羊和文化旅游融合，培育滩羊品牌的知名度和美誉度。2024 年，盐池县文化旅游广电局被评为全国非物质文化遗产保护工作先进集体。

除此之外，盐池县加大宣传力度，讲好盐池故事。游九曲、盐池秧歌等非遗项目活动连续 7 年被央视新闻 1 套、2 套、13 套新闻网等报道；非遗传承人周永红、冒万学、殷兆平 3 人获得全国乡村和文化旅游能人；张雨潇、王亚如、马嘉怡 3 人在全区非遗项目讲解员大赛中分别获得金、银奖，多名非遗传承人在非遗作品创意等大赛中获得好的成绩。恒纳地毯、美雅裘皮、萍之绣刺绣、宁夏高万平胖子凉皮餐饮管理有限公司、盐池县铁柱泉武术俱乐部、盐池县惠安堡羊羔肉餐厅获得了自治区级非遗传承基地等，盐池县惠安堡羊羔肉餐厅入选中华老字号。

为更好地系统保护盐池非物质文化遗产，盐池县又组织专家学者，用一年多的时间实地考察调研，撰写了《盐池非遗》这本书。该书收集了目前盐池县境内存在的六十多项非遗项目，从人文历史、文化习俗、民艺传承、特色物产等方面，生动展示了盐池县的厚重文化与历史荣光。本书既凸显了盐池非遗于民风习俗形成中的特殊元素价值，又立足大时空背景，通过民间人物速写、百姓生活图景展示，以及对特色饮食的多元呈现，实现了对盐池地域人文背景的系统解读，为盐池县的非物质文化遗产传承发展提供了强有力的文本支持，使读者在更具象的阅读中，感知灿烂的历史、回忆挥之不去的乡愁。

目录
CONTENTS

民间 文学

传统 戏剧

传统 \ 舞蹈

传统 \ 音乐

曲艺 \

传统 \ 体育、游艺与杂技

传统 \ 美术

传统 ＼ 技艺

民间文学

花马池传说

■ 入选名录：第六批宁夏吴忠市级项目名录

花马池古城始建于明正统二年（1437年），正统八年（1443年）置花马池营，天顺年间（1457—1464年）改筑此城（即今盐池县城）。

盐池历史悠久，有着灿烂的多元文化。早在四五千年前，盐池一带就有人类活动，夏、商、周时，为少数民族游牧地，史称"戎狄居地"。春秋战国时期，盐池被纳入秦的势力范围。汉初置昫衍县，至东汉时昫衍县废，属北地郡。五胡十六国时期，盐池先后属前赵、后赵、前秦、后秦。北魏时，置西安州，盐池属其管辖。西魏改西安州为盐州。北

周时，盐池大部属盐州五原郡。隋废五原郡，改置盐川郡，盐池属其管辖。唐武德元年（618年）复改盐川郡为盐州。历朝历代围绕盐湖几易其名，先后改为盐州、花马池分州等。

花马池为明朝廷西部边陲军事重镇，被誉为"平固门户，环庆襟喉""朔方羽翼，灵夏肘腋"。明正统八年（1443年）置花马池营，天顺年间（1457—1464年）改筑花马池城（今盐池县城），弘治十五年（1502年）置花马池守御千户所，正德元年（1506年）置宁夏后卫。清雍正时，废卫所改称州县，宁夏后卫改为灵州花马池分州。民国二年（1913年）始置盐池县治，隶甘肃省朔方道（旋改宁夏道）。

民国二年（1913年），将花马池分州改置盐池县。此时亦将原属灵州管辖的惠安、盐积、隰宁、萌城四堡划归盐池。1929年宁夏省建立，盐池属其管辖。

明代花马池城先后建有两座，一座由大明宁夏总兵官史昭于正统二年（1437年）春所筑，称为旧花马池城；另一座即今盐池县城。据传，旧花马池城坐落在今内蒙古鄂托克前旗北大池盐湖东北角。遗址呈正方形，边长370米，墙体为鱼脊状隆起，最高处不足3米，门面东开，带瓮城。

天顺年间（1457—1464年），朝廷以"城在今长城外，花马盐池

花马池传说手绘图

北，孤悬寡援"为由改筑花马池城至今址（即今盐池县城）。花马池"城高三丈五尺，周回七里三分。池深一丈五尺，阔二丈。东、北二门，上有楼"。东瓮门南开名永宁，南瓮门东开名广惠，北门东开名威胜。城以鼓楼为中轴，分东西、南北两条主要街道，后几次修葺，清乾隆六年（1741 年）修葺时，将城南部扩出，重开南门。

关于花马池，流传下来许多美丽传说，最富有诗意的是关于一匹神马的故事。

相传很久以前，盐池县水草丰美，布满了大大小小的湖泊，就像天上的星星一样美丽。其中一个大的湖泊，湖水清澈如镜，湖岸草木繁盛。有一年盛夏中午，湖边草丛中突然出现一匹色彩斑斓、扬鬃翘尾的神骏花马，可望而不可即，人们试图靠近花马的时候，它就立即跃入湖中游去。几个好动的年轻人追上去捉它，扑通、扑通扎入湖中，眼看要靠近了，忽听"咴咴"长嘶，花马突然潜入水底。小伙子们在水里浮上沉下，摸呀找呀，折腾了半天，连花马的影子也没见。

第二天中午，花马再次出现在湖边，悠然自得地吃着青草。人们觉得奇怪，又想去捉它，花马仍然纵身一跃潜进湖底。一连几天，天天如此。大家猜测，这一定是匹神马，从此便不再去惊动它了。

转眼到了冬天的一个清晨，天空飘着雪花，忽听一声长嘶，刹那间湖面冰开浪翻，花马纵身跃出湖面，腾空而去，湖面水平浪静之后，湖泊变成了一个大的盐湖，盐湖天然结晶成盐，千百年来取之不尽，用之不竭。

◆ 盐湖

人们为了纪念那匹神奇的花马，就把这个盐湖叫作花马池了。关于花马池，还有另外几个传说。

"以盐易马"：在明代，朝廷为了防止鞑靼部南侵，在长城九重镇沿线布防了大量戍边军队。为了解决战马紧缺问题，朝廷特制定"纳马中盐"政策，同意以边地盐湖盛产的食盐换取周边地区草原良驹。《明史·食货志四》记载："正统三年，宁夏总兵官史昭，以边军缺马，而延庆、平凉官吏军民多养马，乃奏请纳马中盐。上马一匹与盐百引，次马八十引。""纳马中盐"政策一出，渐渐地当地一处最大盐湖就被称作"换马池"了，传至周边地区，由于方言口音之讹，则由"换马池"变成"花马池"了。

"王琼滑马"：明嘉靖七年（1528年）二月，因西北边事吃紧，朝廷起用70岁高龄的老臣王琼，王琼以兵部尚书兼右都御史提督三边军务。王琼赴任后，决定在宁夏镇至延绥镇一线长城实施"摆边"之法。其巡视险要来到一座边城，经过城内一泓池水时，恰好马儿口渴，便伸出脖子在池边啜饮，此时王琼还没来得及下马。马儿喝完水后，一抬头不慎前蹄打滑，将王琼摔了下来。王琼一边起身一边自嘲说："马者，马也，滑死我也。"当地人听说这个水池滑倒了一位阁老大人，便将水池戏称"滑马池"，后由于口音之误，"滑马池"逐渐传为"花马池"了。

"马坊牧马"：在明代，今盐池县城一带雨水充沛，城东南地势低凹处渐渐形成了一个大的湖泊，岸边设有朝廷马坊一处。一天清晨，阵雨过后，彩虹东悬，一群骏马正在草地上扬鬃撒欢，倒影折射于湖面之上，如天上七色神骏。于是，当地人就把这处湖泊叫作花马池了。

张树林

张树林，花马池传说县级非遗传承人。1945年出生于盐池县，宁夏党史、革命史、地方志研究专家，宁夏文史研究馆研究员。

灵应山传说

■ **入选名录：** 第二批宁夏吴忠市级项目名录

据《花马池志迹》载：灵应山在城东（指惠安堡城）六十里。山有古洞，内塑佛像。水旱疾疫，凡有求祷辄应，故名之曰灵应山。

灵应山位于盐池县青山乡境内，山腰处的峡谷内遗存一座石窟寺，名灵应。据考证，灵应寺石窟开凿于北魏时期。

灵应寺石窟坐西朝东，依山而建。窟顶山石突兀，窟下流水潺潺，石窟寺坐落于半山腰，东西长40米，南北宽20米，建有石窟15孔。自南向北分别建有龙王庙、娘娘庙、药王庙、十殿阎君庙、百子观音庙、大殿、眼光殿、三皇庙、八岔庙、财神庙、观音洞和吕祖洞，14窟和15窟原为藏经洞，已废。

寺庙院内正中立有康熙三十九年（1700年）宁夏人荣世显所撰《灵应寺碑记》一通，记云："从来，尊莫尊于天地，灵莫灵于神明，感天地通神明，非诚不能致其感，非敬无以得其通。即以灵应寺□深山旷野之中，每岁建斋设醮，朝夕炉烟锥昭，神圣之威灵未始，非人心之诚敬也……万历年以来，至庚辰岁（1700年）正殿修成……"

关于灵应山，当地流传着一个"放羊娃应声开山"的故事。

很久以前，盐州草原上的一座山下住着一户财主，家里有多得数不清的牛马羊群，雇用了许多穷苦人给他当牛倌、羊倌，其中一个十二三岁的羊倌叫作二娃。

二娃每天除了放羊，还要给财主家拾柴、挑水、干杂活，狠心的财主却舍不得让二娃吃饱穿暖。一顶破草帽、一根放羊棍和一只小花狗便是二娃仅有的财产和朋友了。尽管如此，二娃还是每天高高兴兴带着小花狗，把羊群赶到最丰茂的草地上吃草，到最清凉的水井边饮水。

虽然日子清苦，但二娃天生聪明勇敢，每当遇到财主欺负乡亲时，总要打抱不平。乡亲们一致称赞二娃是个正直善良的好孩子。

这年农历三月初一，草原上刚刚透出些许嫩绿。二娃一大早就带着他的小花狗赶着羊群上了一个山头"抢青"（春季羊只抢食青草）。说也奇怪，当天一群羊儿只是围着这个山头来来回回吃，无论二娃怎么驱赶，羊群都不肯离开这个山头。中午时分，二娃有些乏了，便靠在一处草疙瘩旁想休息一下，迷迷糊糊中忽听有人喊道："闪开了吗？闪开了吗？"二娃很是奇怪，连忙四处寻找，却什么人也没有看到。太阳落山了，二娃赶着羊群一边往回走，一边寻思着今天发生的奇事。

第二天，二娃有意将羊群又赶到了这个山坡上。接近中午时分，忽然又传来同昨天一样的声音："闪开了吗？闪开了吗？"二娃循着声音到处寻找，漫山遍野连个人影都没有。这天晚上，二娃梦见一个白胡子老爷爷对他说："二娃啊，明天放羊时再听到有人喊'闪开了吗？闪开了吗'，你就答：'闪开啦，闪开啦！'"

农历三月初三这天，天还没亮，二娃就带着小花狗，又一次赶着羊群来到那个满眼嫩青的山坡。中午时分，再次传来那奇怪的声音："闪开了吗？闪开了吗？"二娃依照白胡子老爷爷指示，连忙高声应道："闪开啦，闪开啦！"话音刚落，忽听轰隆一声巨响，霎时狂风骤起，山崩石裂，偌大的山坡从半腰裂开一道峡谷，二娃、小花狗连同羊群瞬间不见了。

风定尘落，天空渐晴，但见半山腰奇迹般地出现了十几孔石窟，正中间石窟里矗立着一座头戴草帽、手持放羊棍、骑着一只大公羊，身边跟着一只小花狗的小男孩石像，神情姿态栩栩如生，正是放羊娃二娃和他的小花狗。

盐/池/非/遗/人/物

侯学君

侯学君：灵应山传说县级非遗传承人。盐池县青山乡人，灵应寺管委会（民间）负责人。

铁柱泉传说

■ 入选名录：第一批宁夏盐池县级项目名录

明弘治十三年（1500 年）总制秦纮始筑，嘉靖十五年（1536 年），兵部左侍郎兼都察院右副都御史刘天和奉命总制三边，于是年七月主持修筑。

铁柱泉古城，位于盐池县冯记沟乡境内。这个地名在《明史》及明代笔记文学中多有记载。史载，铁柱泉因其"水涌如柱，其色如铁"，得名。《嘉靖宁夏新志》载其"水涌甘冽，是为铁柱泉"。

在明代，铁柱泉城在花马池至小盐池军事沿线占有重要的战略地位，最初提出在铁柱泉筑堡的是时任三边总制秦纮，但未终其事。嘉靖十五年（1536 年），兵部左侍郎兼都察院右副都御史刘天和奉命总制三边主持筑成铁柱泉城。

铁柱泉城因水而闻名，明严从简《殊域周咨录》卷十八载：虏依水草为居，花马池东南一带唯铁柱泉有水。明代宁夏人胡侍撰《铁柱泉颂》起句曰："铁柱泉者，淳泓渊沦，广百其武。历四序而盈科，饮万骑以靡涸。兴武之野，方圆数百里，绝无水泉。胡马南牧，兹焉是赖。"明江盈科曾在文集中为追忆飞将军李广作诗一首："铁柱泉头水草鲜，将军奉诏此巡边。宝刀画处分南北，不许胡儿更饮泉。"

关于铁柱泉城有很多传说，民国佚名《花马池志迹》有载："景泰间，有李姓者至铁柱泉旁，有窟。偕一仆执灯以入。行二十余步，推开一石门，有铜铸释象，旁有二僧尸，覆以锦衾，其面如生，而金贝之类环具左右。李恣意取之。将出，风飒飒，厅息门闭，鼓钹齐鸣。李恐惧欲死，尽弃所取者。俄于旁窟匍匐而出。明日集众往掘之，坚不能入。"

铁柱泉泉水原有两个出口，形成一大一小两股泉水。大泉位于铁柱泉城内，小泉位于铁柱泉城东墙外，统称为"铁柱泉"。

在铁柱泉当地，另有一个关于铁铸泉的故事。

传说，铁柱泉中原有一条小金驹，时而在大泉中搏浪嬉戏，时而在小泉中腾身跃出。

铁柱泉中有金驹的消息传出后，有外地法师带着一名徒弟赶来，企图收服泉中金驹以发横财。由于城内城外两泉相通，总也无法捉到。于是师徒两人心生恶意，在两泉相通暗道处铸铁堵泉，把小金驹困在了城内的大泉里。

选中吉日后，师徒二人来到大泉边准备就绪。只见法师拿出随身包裹里的黑、红两只手套，一手戴上一只，又拿出一副下了符咒的马缰绳（笼头）递给徒弟叮嘱说："我现在下水去捉拿金驹，你拿着这副缰绳在泉边等我。当我伸出红手时，

◆ 如今的铁柱泉村
摄影／郭小龙

说明金驹已被我逮住，你赶快把缰绳递给我。如果伸出黑手，说明我降伏不了这宝贝，有危险，赶紧将我拉上来，切记！切记！"

叮嘱完后，法师口中念念有词，纵身下水。徒儿在岸边从正午等到半夜子时，正疲惫不堪、睡眼惺忪时，忽听"哗啦"一声巨响，一只巨手伸出水面，由于夜黑星沉，傻徒儿根本不能分辨黑红，又被那巨手吓得不轻，一时不知所措。

正踌躇间，忽听啾啾马嘶，一道金光自泉中飞出，向西南罗山方向而去。

那只伸出水面不知黑红的巨手消失不见，法师师徒从此不知所终。

日出时，城中泉水干涸，而罗山北坡却出现了一股清泉。

城外小泉幸存了下来，后来得名"铁铸泉"。

◆ 铁柱泉传说手绘图

摆宴井传说

■ 入选名录：第八批宁夏吴忠市级项目名录

摆宴井地名来源于康熙皇帝微服私访路过这里，村民为其摆宴的传说，后收入宁夏人民出版社 1986 年出版的《盐池县志》。

摆宴井传说有多种说法，传说流传最广的有四种，一是康熙皇帝微服私访到这里，村民给他摆过宴；二是明朝庆王朱㮵在此地招待牧马苑官员摆过宴；三说鄂旗小王子（佚名）会见宋朝大将狄青在这里摆过宴，四说唐朝郭子仪护送唐肃宗李亨回长安路过这里，为款待助唐讨安禄山的各少数民族将

领摆过宴。

据说，康熙帝是一位贤明君主，传说其经常微服民间、体察疾苦，深得朝野赞誉。在今盐池县大水坑镇西南 18 公里处有个村子叫摆宴井，当地流传着一个关于康熙帝微服私访的故事。

有一年春天，康熙帝扮作读书人，带一位仆从，一人一骑私访到花马池一带。

一天，主仆二人来到花马池城南 100 多里地的一座山前，已是人困马乏，渴得嗓子冒烟儿。抬眼望去，只见山脚下有缕缕炊烟升起，料是一座村庄，便径直策马奔去。

到了村前一口井边，康熙帝看见几个庄户人正在打水，主仆二人欢喜不尽，急忙过去讨水喝，饮罢还连连称赞："好水，好水！"

庄户人又替二人打水饮了马。康熙帝十分感谢，便主动和大家聊了起来。

当时社会是"万般皆下品，唯有读书高"，一般读书人自以为清高，通常不愿搭理普通百姓。可这位读书人虽看上去眉目清秀，气宇不凡，却态度和蔼，几个庄户人就热情地询问："您是哪里人，要到哪里去啊？"康熙帝微笑着回答说："小生一介秀才，南路来的，准备赴京赶考呢。"几个庄户人见天色已晚，便热情地挽留二人住下来歇息一宿，明天再赶路。

康熙帝也不推辞，欣然同几个

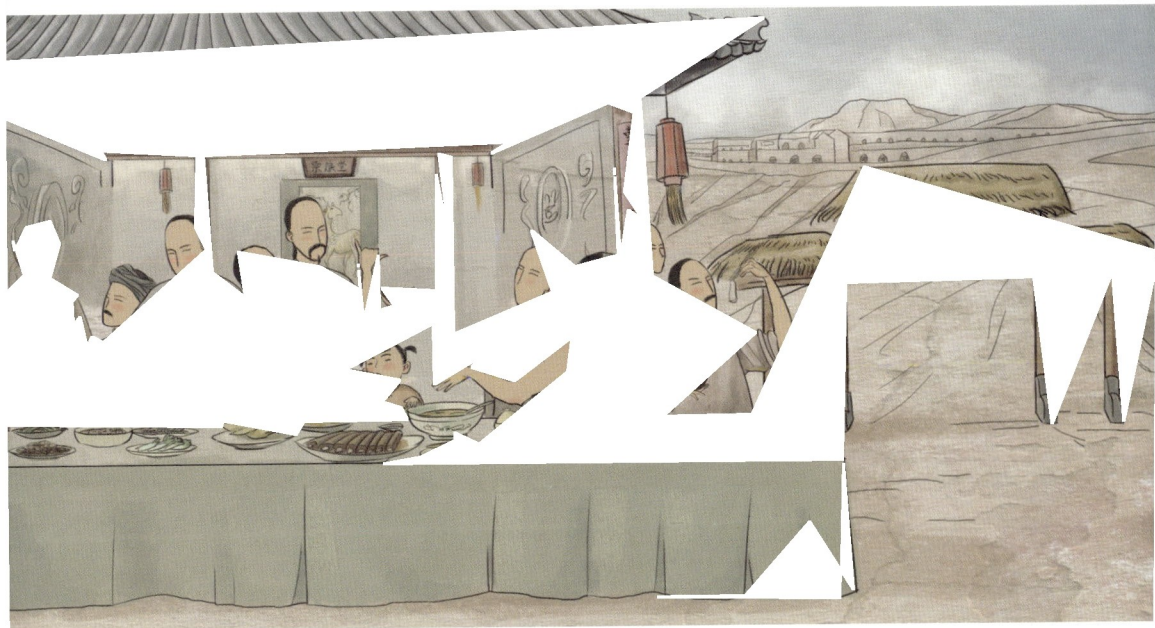

◆ 传说康熙在摆宴井村设宴

◆ 如今的摆宴井村

庄户人进了村。

村里人听说来了一位秀才，这可是平时不易见的"文墨人"呢，于是争着和他攀谈起来，问东问西，相谈甚欢，村里人都觉得这位秀才见识真广。

第二日，村人尽其所有，在井边置办了丰盛的宴席，款待这位难得光临的秀才。穷乡僻壤，虽没什么海参鱼肚，却也有山鸡、野兔和当地最能拿得出手的羊羔肉。秀才主仆二人胃口大开，吃得津津有味，连连称赞："好菜，难得好菜！"

宴罢，已是日头西斜，秀才主仆二人要离开了。村人一直把他们送到村口，依依不舍。

康熙帝主仆二人出村北行十多里，来到一个前临小溪、后靠沙梁的小村庄，正是黄昏时分。在这山原旷野，大多村庄相距一二十里，过了这个村，就没这个店了。二人只好投宿小村庄，次日早起，继续向北而行。

半年后，县衙传话，说春天康熙帝访宁夏路过花马池，在城南百里外的一个村子里受到乡亲热情款待，龙颜甚悦，喻示地方予以褒奖，以示谢忱。

村中老少恍然大悟，都认为这是件天大的光彩事儿，于是把村子改称"摆宴井"，把康熙帝到过的那座山叫作"王到山"，第二日傍晚投宿的那个村庄取名"黑夜坊"，这些地名一直沿用至今。

另据《宁夏志》记载，明初朱元璋封第十六子朱㮵为庆王，在韦州修筑王府，史称庆王府。庆王视察秋访，巡行地方，南巡庆阳甘陕，东北巡大小盐池与花马池城防等逐州卫所，其目的是巩固边防。在靠近枸子山不远的一座山头，民间传说庆王到过，后世称"王到山"。庆王府为了向朝廷进贡马匹，以供军国之用。在摆宴井南部枸子山一带设立王府牧马苑，所饲养马匹为贡马，用于进贡朝廷。

据《宁夏志·牧马监苑》记载，"国朝之牧苑，在宁夏界者二：清平苑在三山儿东；万安苑，在大盐池南"（今惠安堡镇万家塬），点明了明朝廷管理牧马苑有清平苑和万安苑两苑，牧马苑设在水草丰美之地，说明这里草原广阔，水草丰茂。万安苑所饲养马匹为官马，多在摆宴井饮水，摆宴井的井有百眼之多，也叫"百眼井"。摆宴井一带属于万安苑管辖，是朝廷军马牧苑，后因庆王在此地摆宴招待圉长（牧马苑头领，一圉长率五十夫），故更名，后世更名摆宴井。

这样看来，摆宴井一带既有藩王王府的牧马苑，又有朝廷的牧马苑，文史记载了庆王府与明朝廷因牧马争夺草场的事件。

还有一说，据《盐池旧志笺证》记载"摆宴井在惠安堡东七十里。俗谓鄂旗小王子（佚名）会宋将狄青摆宴处"，不是以传说记载，而是以古迹记载的，有一定的可信度。

更有鲜为人知的说法是，摆宴井因唐代大将军郭子仪摆宴而得名，唐玄宗在位时，天宝十四载（公元755年）爆发安史之乱，次年唐玄宗逃亡四川，其子李亨逃亡宁夏灵武，并在灵武继位，称唐肃宗。其后大将郭子仪护送唐肃宗返回长安平定叛乱路过这里摆了宴，后来称摆宴井。

摆宴井地名从传说到正史记载，从唐、宋、明、清四个朝代都有达官显贵选择在此地摆宴议事，这里的土地曾经留下了马踏车碾的喧嚣，留下了兵火戎戈的过往。

野狐岭传说

■ **入选名录：** 第六批宁夏回族自治区级项目名录

传说宋夏时期，狄青和双羊公主曾经在盐州野狐岭率军对峙，并各筑一城，两城相距不过二里路。至今还有"双羊赶狄青，大战野狐岭"的传说。

野狐岭位于盐池县城西南 20 公里。民间传说宋军大将狄青和西夏双羊公主曾在此地交战，所以有"双羊赶狄青，大战野狐岭"的传说。传说以主人公双羊和狄青的交战为主线，以评书方式来讲述二人离奇的爱情故事。

千年以前，盐池境域作为西北少数民族的栖居地，水草丰美，盛产食盐，成为宋夏两股势力反复争夺的地带。宋派遣文武双全的狄青西征，意图夺取产盐丰富的盐池。得知消息后，年仅 16 岁的西夏公主双羊果断请求挂帅出

◆ 狄青大战双羊公主手绘图

征，她率兵五万，浩浩荡荡南下迎敌，抵达荀子山。荀子山是环庆的屏障，山的一边地势平坦，一马平川，正是万军厮杀的好战场。狄青出战，两军对阵，一番较量，不分上下。两军各自鸣锣收兵，安营扎寨，准备明日再战。

当夜，宋兵夜袭夏营。狄青率军突入，夏兵仓促应战，双羊只得率领部下迅速往西北方向溃退。当她跑到一个山峁上时，看到自己骑的白玉马疲不可支，就解下180斤重的金盔银甲，寄放在山峁上，然后轻装而去。此后，当地人便给这座山峁取名"寄甲峁"。后经年深日久，话音变化，"寄甲峁"讹变

成"岌岌峁"，该峁在今盐池县大水坑东南的山坡上。

双羊率众逃到野狐岭，才将宋军远远甩开。她收拢部队，扎下营寨，下决心要和狄青决出高下。为了防备宋军偷袭，又命令将士在野狐岭北面的高地处筑城。狄青率军随后赶来，见夏兵毫无退却之意，也下令全军在野狐岭南面的高地上筑城。城筑好后，两军每天在野狐岭大战四五十回合，一个月过去了，还难分伯仲。双羊和狄青逐渐对对方产生了敬佩之情，暗生情愫。

一天，两军又交战了。双羊和狄青打了70个回合，狄青设计未成，被双羊生擒。双羊将狄青软禁起来，

多次向他表达自己的爱慕之心。狄青见双羊一片真心，自己也慢慢动了情，答应了双羊的要求。

狄青与双羊久战成婚，生下狄龙、狄虎一对双胞胎。双羊拔寨回国，路过哈巴湖时，见这里风景优美，于是命人将狄龙、狄虎的胎衣埋在了湖边的山峁上，后来埋胎衣的地方逐渐长高变大，变成了双堆峰。至今还有两座城池坐落在野湖井村，坡上是双羊公主城，坡下大城为狄青城。

野狐岭故事以说书等形式被民间艺人不断地丰富和再创作，虽然具体故事情节各有不同，但战争与爱情的主基调未变，成为后世文学创作取之不尽的题材源泉，在宁夏地区的民间文化发展中有着重要的地位和作用。

◆ 如今的野狐井村

石 万

石万：野狐岭传说市级非遗传承人。1941年出生于盐池县王乐井乡野湖井村，地方民俗爱好者。

周永祥

周永祥：野狐岭传说县级非遗传承人。1948年出生于盐池县王乐井乡石山子村。宁夏作家协会会员、地方志爱好者，参与编辑《王乐井乡志》等地方志书。

○ 秦腔

○ 盐池皮影

○ 盐池道情

传统戏剧

秦腔

■ 入选名录：第一批国家级项目名录

秦腔是中国西北剧种，也是中国最古老的剧种之一。发端于周秦，盛行于明清，流行于陕西、甘肃、青海、宁夏、新疆等地，又因其以枣木梆子为击节乐器，所以又叫"梆子腔"。

盐池是千年古县，群众爱听爱看爱吼秦腔是有深远的历史渊源的，秦文化与当地文化交融发展，为秦腔在当地的传播奠定了基础。

秦腔脍炙人口的唱腔唱词，在给人们带来精神愉悦的同时，也在潜移默化中，给人们以思想的震撼和教益。

🔶 秦腔葫芦峪剧照

20世纪二三十年代，本地渐渐出现了秦腔自乐班，每逢集市、庙会，民间艺人就组织起来自娱自乐，有的甚至以此为生。

1936年6月21日，西征红军七十八师解放了盐池县，盐池县成为陕甘宁边区的重要组成部分。11月，中国工农红军烽火剧团在团长拱危之、副团长杨醉乡率领下，深入三边地区巡回演出抗日剧。之后根据中共中央关于大力开展苏维埃文化活动的指示，中共盐池县委筹备成立了人民剧社盐池分社，发展演员15名。在驻地部队和随军文艺干部指导下开始编演儿童舞、劳动舞、大联合舞等革命剧。1939年在陕甘宁边区三边分区文教大会上决定将三边民教馆主办的民众业余剧团改为专业剧团，除吸收原业余剧团王玉玺、张世芳、崔俊杰等当地演员外，还聘任盐池张兴汉、王天玉、丁还生、丁兆兰等人为剧团演员。1940年7月，为纪念抗战三周年，将该剧团命名为"七七剧团"，1943年改称"三边文工团"。七七剧团成立初期，主要演出一些小型秧歌剧、活报剧、小舞蹈。后来在延安民众剧团和八路军留守兵团政治部宣传队指导下，排演了《穷人恨》《中国魂》《那太刘》《查路条》等新秦腔剧目。

自1940年7月七七剧团成立后，在盐池商会等社会各界邀请下，每年都要到盐池"七月会"期间演出助兴，深受群众欢迎。当地百姓开始对一些传统剧目耳熟能详。

中华人民共和国成立后，人民群众文化生活持续发展。1951年，时任盐池县文化馆馆长彭兆麟看到当时群众文化娱乐活动形式单一，决定组建一支秦腔小戏班子。是年8月，以黄庚子为班主，陈学定、王宝忠、项玉山、朱长命等6名县城艺人为班底，组成一个秧歌班子，成立了盐池县抗美援朝业余剧团，后更名为盐池县人民业余剧团。

业余剧团凑齐基本剧服、道具和乐器后，经过简单排练，先后到城乡演出一些小型传统秦腔折子戏，如《藏舟》《祭灵》《捡柴》《别窑》《三百块响洋》等。到1952年发展演员13名，其中包括由银川等地招来演员金佩定、屈维新等，并聘请西安秦腔易俗社演员董文华为指导老师，使演员技艺水平逐步提高，不但能演折子戏，开始排演部分传统本戏和现代剧如《四进士》《乾坤带》《度荒年》等。

1953年，演员发展到26名，正式成立了盐池县人民秦腔剧团。业务团长陈有禄，能够扮演生角的演员有李相泽、杨金民、陈学定、屈维新、郭仁、张成山、王振东、马道生、田北海、赵长祥、韩玉祥等，扮演旦角的演员有年中兰、赵玉英、彭清华、赵兰清、陆凤琴、金佩定（民间称"金娃子"）、郭玉英等，后台配乐演员主要有陈振明（鼓师）、张万秀、徐仁安等。其中旦角陆凤琴，民间戏称"麻婆姨"，是剧团中最

◆ 盐池县文化部门送戏下乡秦腔演出剧照

当红的演员之一。

人民秦腔剧团常演的剧目有《杀庙》《牧羊》《祭灵》《五典坡》《忠保国》《闯宫抱斗》等，此外也有一些原创剧目如《回汉支队》等。

1955年，盐池人民秦腔剧团改由盐池、金积两县合办，更名为金盐建新剧团；当年两县各贷款5000元购置了较为完整的戏箱一套，演员也发展到37名，生、旦、净、末、丑行当基本齐全，新排大型现代秦腔剧《穷人恨》、新编历史剧《打虎计》《烈火扬州》等，全年演出达320场次。

从这一时期开始，秦腔风靡盐池城乡及其周边地区数十年，民间曾有"看了秦腔戏，忘了庄稼地"之说，可见其魅力。

1972年7月，盐池县成立文艺宣传队，至1978年演员发展到32名；1978年10月盐池县委研究决定在原有文艺宣传队基础上恢复秦腔剧团，定编50名。秦腔剧团恢复后，重新购置古装戏箱，以编排演出传统剧为主，每年演出约150场次。1984年县文体科主办三年制戏曲学习班，从全县招收学员30名进行培训，毕业后大部分纳入秦腔剧团。这一时期剧团重新编排演出了现代秦腔剧《回汉支队》《花马传奇》等剧目。1990年11月秦腔剧团更名为"盐池县文化艺术团"，人数最多时达62人；后经过数次机构改革，在文化艺术团基础上成立了盐州艺术团，延续至今。

盐池皮影

■ **入选名录：** 第一批宁夏回族自治区级项目名录

皮影戏，又称"灯影子戏"或"灯影子"，是一种以兽皮或纸板做成的人物剪影表演的民间戏剧。表演时，艺人们在白色幕布（也称亮子）后面，一边操纵影人，一边用当地流行的曲调讲述故事，同时配以打击乐器和弦乐，有浓厚的乡土气息。其流行范围极为广泛，并因各地所演的声腔不同而形成多种多样的皮影戏。盐池县主要流传的有秦腔皮影和道情皮影。

据史书记载，皮影戏始于西汉，兴于唐朝，盛于清代，元代传至西亚和欧洲，可谓历史悠久，源远流长。

盐池县皮影戏的主要道具是皮影，一般选用上好牛皮或羊皮，借鉴传统剪纸镂空手法刻画线条，依照制皮、过样、雕刻、着色、出水、装订等工序制成。雕刻过程为："先刻头帽后刻脸，再刻眉眼鼻子尖；服装发须一身全，最后整装把身安；刻成以后再上色，整个制作就算完。"陕甘宁交界地区的皮影，分为人物（头梢、桩桩、角子）、动物、神怪（神架子、精怪）、场景（殿堂、座堂、花草）等几大类。

有了皮影和白色幕布（也称亮子），加上两三个锣钹、一把板胡、十来个艺人，就能拉开场子唱大戏了。

民国初年，盐池当地农村颇有影响的皮影班之一牛记山（现为王乐井乡曾记畔行政村牛记山自然村）许氏皮影戏班，至今传承五代。

许家皮影戏班第一代传人许桃，原籍榆林道米脂县。青年时，先是靠学唱皮影戏谋生，后迁居定边县城改做土炮，当地人称"许洋炮"。后来由于做土炮风险太大，转而再次投入唱皮影戏行当。从此，许桃带着三个儿子足迹遍踏宁夏花马池及川区农村僻巷，靠唱皮影戏谋生。也有乡绅大户在逢年过节、婚嫁喜事、添丁祝寿时出一些小钱，邀请皮影戏班搭台唱戏。城乡办庙会时，通常要同时请几个皮影班搭台，通宵达旦唱连本戏，十天至半个月连续演出，热闹非凡。在许桃亲授下，儿子们个个能够吹拉弹唱，敲鼓、耍线子样样精通。

后来，许桃三儿子许金宝一次在牛记山演出时，为孙子许生玉定下一门亲事，许金宝一家从此定居牛记山。

◆ 老艺人王烈现场表演皮影戏

摄影 / 何武东

许家班在其演艺生涯中，有一件事被当地百姓津津乐道，那就是曾和当时已迁居盐池县麻黄山的环县著名皮影艺人谢长春（艺名谢小旦）进行打擂比赛，许家班技高一筹，谢小旦雅量大度，甘拜下风。

进入 20 世纪 60 年代，由于历史原因，许家班停止了演出。直到 20 世纪 70 年代末才联合郑家堡子鲁家班开始恢复演出。

而鲁家班，是盐池当地另一支非常活跃的皮影戏班。

鲁家班班主鲁仁，原籍宁夏灵武县。十来岁时就在一户徐姓财主家当长工。徐财主除开粮店外，还开了一家"油果儿"（麻花儿）店，安排鲁仁在店中专卖油果，因此鲁仁被称为"鲁油果"。鲁仁从小记忆力超人，喜欢听民间传说、历代传奇故事。

20 世纪 20 年代初，为了生计，鲁仁辞去徐家长工，先后拜师学"阴阳"、打临工，为生计奔波，幸而略得温饱，娶妻成家。其时，皮影戏早已活跃于宁夏城乡市井之间。鲁仁拜托徐财主从西安买回一只皮影箱，请了两个要线子的，又从当地秦腔剧团请来几个能拉会唱的艺人，临时搭起自娱自乐的"牛皮灯影"班子。

徐财主见皮影戏有钱可赚，便想请鲁仁当班副，成立"徐家皮影戏班"。窘于没有经济能力自办戏班，又无法割舍对皮影戏的喜爱，鲁仁决定再次给徐财主打长工。从此开始潜心学习敲板鼓、拉板胡、唱秦腔，再学要线子、编剧本。但凡涉及皮影戏的各种技艺技巧一项不落，样样都学，成为当时徐家班最得力的台柱子。为了进一步提高演艺水平，鲁仁还曾向当时金积堡皮影戏要得好的杨鞋匠学习；尤其是在环县著名皮影艺人谢小旦指导下，鲁仁要皮影的技艺更加娴熟。

军阀马鸿逵统治宁夏时期，几乎年年抓壮丁。当时，鲁仁大儿子已十几岁了，随时都有被抓壮丁的可能。为了逃兵役，鲁仁携两个儿子（妻子已病逝）开始江湖卖艺。向南为环县贫困山区，向西、向北为马鸿逵统治区，自是不能去，只能向东走了。父子三人靠着要皮影勉强度日，辗转来到已是陕甘宁边区红色革命根据地的盐池县。后经人撮合，小儿子鲁海民入赘郑记堡子村一户郑姓人家，从此一家人定居郑记堡子村。

有了固定居所、有了家，就得想谋生办法。鲁仁决定重新搭建皮影班子，训练两个儿子学唱皮影，招来本村郑书、曾记畔（当时为盐池县三区政府所在地）牛生金、牛生明、许生刘、许生花、许生玉等人参与演出，又陆续吸收石山沟村的王天玉、王天秀，大水坑沙窝子村的尹满珍，以及年幼的孙子鲁银等参与其中，组成较强演出阵容。随着演员逐步增多，班子又一分为二，由鲁仁和大儿子鲁全义各带一个班子，东至榆林，西至银川，北至内蒙古，都留下了"鲁家班"足迹。

由于多年收集整理，"鲁家班"演出剧本较多，经鲁仁亲自摘抄、改编的剧本 100 多部。传统全本戏有《封神榜》《孙膑下山》《玉壶坠》《薛仁贵征东》《铡美案》《烈火扬州》等；折子戏有《玉堂春》《三堂会审》（哭杀场）等。鲁全义除了线子要得精湛外，还会演木偶戏，在当时已是名家高手。

新中国成立后，"鲁家班"仍活跃于盐池及其周边地区。自 1955 年起，兰州等地先后组织了几次全国和省、市级皮影戏会演，有力促进了西北地区皮影戏艺术交流。

1957 年，西北五省区皮影大会演在兰州举行，鲁仁挑选精兵强将，代表吴忠赴兰州演出，在一本《花云带箭》皮影戏中，鲁全义双手要8 个皮人的绝妙表演轰动了兰州城，观众好评如潮。本次演出中，西北五省区共参加皮影班子 7 个，"鲁家班"获得集体二等奖，鲁全义获皮影操作一等奖。吴忠回族自治州文化局领导上台领奖，锦旗高高举起时，全场响起了经久不息的雷鸣

盐池县道情皮影戏在麻黄山乡巡演
摄影 / 董国泰

般掌声。"鲁家班"从此声名远播，各种邀请演出场次不断。

1966年，因历史原因，"鲁家班"停止演出。1978年后，鲁氏父子和牛家山牛生金、牛生明各组织一个皮影班子开始走村串户演出，或者专赶庙会。鲁仁，这位伴随皮影一生的老艺人，直到20世纪80年代中期才由于体弱多病结束皮影演出生涯。

20世纪70年代末，为鼓励民间文化艺术发展，县文化馆购置了几套皮影戏箱，配置给各农村公社，发给热爱皮影艺术爱好者学习演出，同时增加些收入。其中分给麻黄山公社的皮影箱由北洼村宋自明经营，宋自明从环县请来技艺成熟的演员，办起了一个皮影班子。跟随鲁仁学艺的石山沟王天玉、王天秀，大水坑沙窝子的尹满珍等人也相继办起了各自的皮影班子，演出一直持续到20世纪90年代中期才逐渐终止。现今，以王烈、曹生哲为代表的艺人仍然活跃在舞台，使得盐池皮影艺术薪火相传。

盐/池/非/遗/人/物
曹生哲

曹生哲：盐池皮影区级非遗传承人。1979年生，盐池县王乐井乡人。受到家庭熏陶，曹生哲自小跟随许家班老艺人学习皮影戏表演，2014年组建民间灯影戏班，2015年组建成立牛记山皮影艺术团，收集整理《富贵图》《点红灯》《兴国图》等传统剧目20多种。2016年，先后参演全县非物质文化遗产日、"百姓大舞台，想秀你就来"专场文艺演出；多次参与全县"盐州赶大集·民俗嘉年华"冬春季文化旅游系列活动民俗展演、"送戏下乡"及中秋、元宵长城关文化旅游赶大集活动演出。

盐池道情

■ 入选名录：第七批宁夏回族自治区级项目名录

清末，在盐环交界山区形成了一种说唱艺人与皮影戏同台的民间小戏。表演形式主要以说唱、道白和耍皮影为主，俗称"说唱皮影戏"，即道情。

道情，最早叫渔鼓道情，因为只有渔鼓一种乐器。一直到 20 世纪 90 年代中期，才开始逐渐加入四弦、笛子和唢呐、二胡、大低胡、板胡、肩板（和渔鼓搭配）、干鼓、大锣、铜扇、战鼓、甩棒。

其中渔鼓、四弦（以前材料是牛皮弦，现在是钢弦）和甩棒是自己制作，渔鼓才能真正体现自己想要的声音效果，买来的渔鼓无法表现。

盐池道情采取借灯、传影、配声等手段演绎故事，曲目多为民间自创。道情最初采取简单说唱形式，后来艺人不断向秦腔及民间曲调学习借鉴，探索发展了许多新的腔调板式，使道情表演形式更加丰富，唱腔更加优美。

盐池道情以唱为主，

以说为辅，分为坐唱、站唱、单口、对口等，与皮影戏同台表演。此外，盐池道情还具有"一人唱、众人和"的特色帮腔，前台演唱，后台帮腔，几乎每两句帮腔一次，唱词多为七言至十言不等。一直以来，当地群众遇有重要节庆活动、红白喜事等，道情作为烘托氛围的娱乐活动一直占据主导地位，深受当地群众的喜爱。目前，盐池道情表演主要以麻黄山乡徐有科文化大院和宁夏云卿文化艺术有限公司为主，活跃在民间舞台上，2021 年被文化和旅游部列为《保护扶持濒临剧种名录》。

经过不断的发展和创新，盐池道情形成了别具特色的艺术形式，为推动新时代乡村文化事业发展作出了积极的贡献。近年来，结合脱贫攻坚、乡村振兴等，盐池道情创作出了《幸福生活感谢党》《脱贫攻坚见实效》等优秀作品。

徐有科

　　徐有科：盐池道情市级非遗传承人。1951年生，盐池县麻黄山乡人。徐有科自1966年开始学习道情技艺，积累了丰富的表演经验。20世纪90年代末，徐有科与妻子田凤英一起在麻黄山乡唐平庄村组建民间道情班子，传艺授徒十余人；2012年组建麻黄山道情班子。此后师徒同台演出，多次获得各级表演奖项。2017年5月，《光明日报》以《麻黄山夜生活》为题刊登了道情班子为促进乡村文化展演出《刘全敬瓜》的新闻；同年6月麻黄山道情班子在中央电视台《焦点访谈》节目中表演了《徐有银脱贫记》新道情剧目；2018年11月，宁夏电视台制作播出了《麻黄山道情》专题片；同年5月，麻黄山道情班子在中央电视台10频道地理中国栏目《走进宁夏，千年盐川》专题片中出镜。

田凤英

　　田凤英：盐池道情市级非遗传承人。1952年生，盐池县麻黄山乡人。1968年—1971年与丈夫徐友科一起跟随舅父学习评书、道情。田凤英与丈夫徐有科一起，不断为弘扬道情技艺，推进乡村文化生活建设作出奉献。

○ 盐池秧歌

传统舞蹈

盐池秧歌

■ 入选名录：第四批宁夏回族自治区级项目名录

秧歌是中国北方农村地区的一种民俗活动，最早在农闲时或农忙后的节日举办，现在已经演变成了各类喜事、节日常见的庆祝活动和人们日常强身健体的舞蹈活动。

据《盐池县志》载："五月十三竞演剧，祀关圣。先日备仪仗迎神，前列社火，周游城中。"盐池地区耍社火、扭秧歌由陕北、甘肃环县地区传入。

清朝末年，把陇东秧歌带进盐池地区的是环县民间艺人谢长春，戏名谢小旦。

1840年前后，谢长春全家迁居灵州花马池分州麻黄山地区，节庆期间组织当地群众"闹社火"，并不断融入当地文化习俗。比如陇东社火秧歌中不可或缺的角色"害婆娘"与"蛮老汉"，到麻黄山地区演变成"丑婆姨"和"丑老汉"；如今盐池秧歌表演中常见的"跨蹬步"、臂膀大幅度"抻、推"动作皆由陇东秧歌变化而来。陇东秧歌舞蹈动作、表演配乐都有一套严格模式，即"规矩"多，盐池秧歌在传承中打破所谓规矩，表演形式丰富，舞蹈动作也都多走洒脱灵动路线。

民国时期，盐池商会也组建成立了秧歌班子。

这一时期，把陕北秧歌带进盐池的人叫李如珠，榆林府人，自小参与当地扭秧歌，习得比较全面的陕北秧歌技艺。后迫于生计辗转来到宁夏花马池，在盐池商会出资承办的各种庆贺典礼的社火表演中，负责排练秧歌。

盐池社火秧歌表演，一般分大场、串街和小场。大场是在仪式开始或结尾时进

◆ 2024 年的元宵节的盐池秧歌表演
摄影 / 郭小龙

行的集中表演，伴有舞狮、踩高跷、耍腰鼓、打花棍、跑旱船和丑角杂戏表演，配以大鼓、堂鼓（也称同鼓）、圆鼓、大锣、小挍、中音唢呐等吹打乐器，再配合双摆手、手翻手、伴扭步等舞步，或扮成历史故事和神话传说中的人物边行边舞；串街是在街头边走边舞，同时穿插一些队形变化；小场穿插于走街之中，也是带有故事情节的演出。这一时期，高跷秧歌逐步加入当地秧歌表演形式中。高跷秧歌通常有两种表现形式，一种注重"演"，多扮成历史故事人物进行表演；另一种注重"跳"，多以高跷中的"单腿走""跳长凳"等高难动作进行表演。1986 年盐池解放五十周年时，一位年过花甲老人表演了跳高跷秧歌，令人惊叹。

对盐池秧歌影响最大的，是陕甘宁边区时期的新秧歌运动。

1936 年 6 月西征红军 78

◆ 牛万淮在传授盐池秧歌基本动作

师解放盐池县城后，当地群众舞起秧歌欢迎红军。1936年11月，中共盐池县委筹备成立了人民剧社盐池分社，演员学习儿童舞、劳动舞、大联合舞等，为传统社火秧歌赋予了新的形式内容。此后，每逢春节或慰问地方八路军部队时，党政机关都要组织新社火活动，扭秧歌、跑旱船，深受军民喜爱。

1942年《延安文艺座谈会讲话》发表后，陕北秧歌顿时焕然一新，从此扭遍陕甘宁边区。1943年元旦到春节期间，鲁艺秧歌队创作了《拥军花鼓》《七枝花》《军盐》《旱船》《推小车》《刘二起家》和小秧歌剧《兄妹开荒》等作品，把许

多优秀民间传统文化挖掘出来，赋予秧歌新的内容，注入新的血液，这就是著名的"延安新秧歌运动"。

边区新秧歌运动后，盐池县城乡很快参与其中，创新编排新秧歌。五区后洼乡共产党员郭占春将传统社火场子改编为《春牛舞》，加入边区群众新生活内容，反映边区人民自己动手、勤于耕作、争取幸福生活的美好场景。《春牛舞》呈现了简单而又风趣的劳动场景：东方发亮，夫妻二人赶着牛，来到种荞麦的地边，男人拿着赶鞭、扶着犁，女人脖挂籽种筐，跟在丈夫后面撒种，夫妻二人且行且唱："东撒定边至安边，西撒灵武至银川，南撒

曲子到环县，北撤后套海勃湾。"
生动的劳动场面，表达了劳动人民
期盼丰收的美好心愿。

1944年12月，陕甘宁边区留
守兵团政治部文工团到盐池慰问演
出了《夫妻识字》《兄妹开荒》《夫
妻逃难》等秧歌剧。1948年10月，
三边文工团深入盐池南部山区唐平
庄演出秧歌剧，慰问宁夏工委和回
汉支队干部战士。1949年9月，三
边文工团奉命开赴银川，走上街头，
敲锣打鼓扭起秧歌，庆祝宁夏解放。

中华人民共和国成立后，盐池
秧歌依旧随着时代进步的脚步，不
断前行。1980年盐池县文化馆专门
组织人员外出学习秧歌后，组建成
立了一个秧歌班子。之后秧歌活动
成为全县春节文化活动固定内容之
一。王登科、郭占春、尤万科、刘华、
胡彩霞、李焕金、刘振东等传承人
在传统秧歌基础上不断创新尝试，
融合扇子舞、灯舞、现代舞、滑雪
舞等，让盐池秧歌内容的表现形式
更加丰富，受到更多老百姓喜爱。

盐池秧歌在长久的传承中，以
农耕文化为基石，秧歌中的舞蹈动
作多是以身体的"扭""拧"、手
臂的甩手、摆动、脚步的跨蹬等为
主，在此基础上加入了游牧民族文
化元素，在表现形式和风格上更加
自由，动作更加活泼、洒脱，创造
出了盐池独有的文化特色。这一融

◈ 边区新秧歌运动后的秧歌表演

◆ 传承人胡彩霞正在青山乡中心小学开展"非遗进校园"活动

合和创新体现了我国民族文化中的多样性与包容性。在文化内涵上，盐池秧歌从以祭祀、农业生产为主，在历史的长河的传承中慢慢走向世俗化、娱乐化，到现今演变为庆典、节日中人们用来表达喜悦的活动形式，和具有一定故事性、教化性的表演。这体现着盐池秧歌在传承中以人民为主体，反映社会需要与时代精神的特征。这正是盐池秧歌富有活力的原因。这项民俗活动的群众参与度高，在当今时代中不断发展并逐渐生活化，正是传承这项非遗的最好方式。盐池秧歌在创新中不失历史文化内涵，传承中不失艺术活力，是盐池县民俗文化中一件历久弥珍的瑰宝。

【 尤万科 】

　　尤万科：盐池秧歌区级非遗传承人。1954年生，盐池县人，曾任宁夏舞蹈家协会理事、吴忠市舞蹈家协会副主席等职。尤万科在学习排演秧歌过程，先后得益于李登华、张斌、张成山、郭占春、牛万淮、金娃子（艺名）等前辈老师指教，在担任县文化馆群众文艺辅导组组长、舞蹈专干期间，尝试将秧歌舞元素融入舞蹈创作中，代表作品《牧羊情》《回汉儿女笑开颜》《红军哥哥回来了》《映山红红了的时候》在全区舞蹈大赛中屡获奖项。在《中国民族民间舞蹈集成志书·宁夏卷》资料整理时，对盐池民间秧歌舞进行全面梳理，编写《秧歌》《跑旱船》《高跷舞》《东洋车》《春牛舞》等秧歌舞调研报告。

【 刘 华 】

　　刘华：盐池秧歌区级非遗传承人。1961年生，在盐池县文化馆从事群众文化辅导工作多年。刘华在秧歌编排上注重继承传统，保持秧歌的"扭"、高跷、腰鼓、花棍、旱船和丑角杂耍等原味表演风格，同时又尝试加入滑雪舞、扇子舞、灯舞等现代舞蹈元素；配乐也在唢呐、锣鼓、钹钗等传统器乐中加入新式电子器乐。2002年由其执导的春节社火《欢乐秧歌》代表盐池县参加银南地区民间秧歌大赛并获一等奖。

[胡彩霞]

胡彩霞：盐池秧歌区级非遗传承人。1966年生，盐池县人，在盐池县文化馆从事群众文化工作多年，致力于传统秧歌传承表演，在各种比赛中多次获奖。

[李焕金]

李焕金：盐池秧歌区级非遗传承人。1968年生，宁夏盐池人，盐池秧歌艺术团团长。李焕金自幼喜欢扭秧歌，8岁开始跳秧歌，2018年组建盐池县秧歌艺术团，带领团队参加各种秧歌比赛及会演，深受观众的好评。

[刘振东]

刘振东：盐池秧歌市级非遗传承人。1990年生，盐池县人，2013年8月份在盐州艺术团参加工作担任舞蹈编导。现任盐州艺术团团长、盐池县舞蹈家协会副主席。2018年春节，由其执导的《铁柱战舞盐州魂》千人子母鞭舞、《圆梦盐州》获全区欢乐宁夏表演类二等奖。

○ 宁夏山花儿

○ 民间小调

○ 盐池民间唢呐鼓乐

传统音乐

宁夏山花儿

■ **入选名录：** 第一批国家级项目名录

山花儿，俗称干花儿、山曲子、野花儿。从历史上看，继承了陇山地区古代山歌（徒歌，相合歌，立唱歌）特征，吸收信天游、爬山调、洮岷花儿、河湟花儿以及伊斯兰音调的多种影响。《诗经·豳风》《汉魏南北朝乐府》中的《陇山歌》《陇板歌》《陇原歌》即其先声。史籍乐志中记述其特点为"一唱众和，恰似顾曲之周郎，三句一叠，酷似跳月之苗俗"。

山花儿广泛流传于宁夏南部山区，在继承古陇山民歌"三句一叠"的基础上多以单套短歌的形式即兴填词演唱，多用五声音阶式迂回进行。宁夏山花儿深受群众喜爱，具有丰富的民俗文化内涵，并于2006年入选首批国家级非物质文化遗产名录。

19世纪80年代，一批陕甘宁青群众沿丝绸之路翻越天山迁徙到了苏联，家乡的"花儿"民歌也被他们带到了异国他乡。"花儿"在苏联集体农庄时期曾经非常流行。1993年，在宁夏和日本岛根缔结友好关系之际，宁夏西吉、海原的原生态"花儿"歌手李凤莲和马汉东，被日本方面组织此次文化交流活动的有关专家选中，被认为是最能代表中国宁夏的文化。两位"花儿"民歌手，跟随宁夏访问团，把"山花儿"漫到了日本岛根县。他们令人耳目一新的"花儿"连唱，赢得了日本人民的喜爱，获得了极大成功。两位农民歌手在日本的日子里，也备受日本工作人员的"高看"和关照。

宁夏各级政府也大力支持民族音乐的发展，创演了《花儿故乡》《海风吹绿黄土地》《花儿红，香山香》等大型花儿歌舞，举办"花儿艺术节"等活动，编辑出版了《宁夏回族山花儿200首精选》一书，在第七届中国西部民歌花儿歌会期间召开了第四届民歌花儿研讨会。2009年中国宁夏首届文化艺术旅游博览会期间，还成功举办了"第七届中国西部民歌花儿歌会"，中央电视台第三套"民歌中国栏目"对歌会进行了全程录制和播出。

山花儿代表经典曲目有《黄河岸上牛喝水》《看一趟心上的尕花》

《花儿本是心上的话》等，创新曲目也不断增多。盐池县花儿最早结合了小调唱法，多以情爱为表达内容，既保持了山歌粗犷特点，又具有流畅优美的小调韵味。演唱花儿时，歌词可以即兴发挥，而曲调通常不会发生太大改变。盐池县张建军、赵帅等花儿传承人也为花儿的流传和发展付出了很多努力。张建军创作歌曲《哎哟喂，迷人的金银川》，就入选《颂歌唱宁夏》歌曲集，还有《面片片稠稠捞上》《手拖着花儿浪来》等杰出创作演唱获奖歌曲。传承人赵帅作为80后音乐教师，也有《一心把妹想着》《脚闪空跱了身泥巴》等代表作品。

山花儿既保持了山歌歌曲粗犷的特点，又具有流畅优美的小调韵味，是人们愉悦自我、怡情解闷、吐纳情感的一种自娱性山野歌曲。作为传统民族音乐的典型代表，宁夏山花儿既表现了独特的文化特征和精神风貌，也在不断的发展过程中被各族人民喜爱，充分展现了其蓬勃的生命力，具有独特的艺术魅力。

盐/池/非/遗/人/物
张建军

张建军：宁夏山花儿国家级非遗传承人。1964年生，盐池县人。1983年至1998年师从原宁夏歌舞团团长安妮学习宁夏山花儿。多年来一直从事宁夏山花儿传唱工作。原创歌曲《盐湖信天游》《阿哥把妹想着》获自治区级一等奖，《盐池民间歌谣》获自治区首届文化旅游产品铜奖。参加第十三届"金鸡百花电影节颁奖晚会"的演唱；参加了2016年"中国民歌大会"，演唱山花儿；参加上海世博会"宁夏馆周"文艺演唱；参加了首届中国·阿拉伯国家经贸论坛开幕式大型文艺晚会《跨越丝路》，献唱宁夏山花儿。

盐/池/非/遗/人/物
赵 帅

赵帅：宁夏山花儿市级非遗传承人。1985年出生于盐池县，现任教于盐池县第三小学。师从张建军系统学习宁夏山花儿、信天游、爬山调等民歌演唱。创作有《一心把妹想着》《手托着花儿浪来》《脚闪空跱了身泥巴》等山花儿作品。2015年参加内蒙古乌拉特前旗举办的"魅力乌拉特"·中国西部民歌大赛获最佳演唱奖。

冯占国在田野高歌　摄影 / 韩棕阳

民间小调

■ **入选名录**：第一批宁夏吴忠市级项目名录

民间小调一般指流行于城镇集市的民间歌舞小曲。经过历代流传，在艺术上经过较多的加工，具有结构均衡、节奏规整、曲调细腻、婉柔等特点。民间俗称小曲、俚曲、里巷歌谣、村坊小曲、世俗小令、俗曲、时调、丝调、丝弦小唱等。

小调的产生和发展，经历了漫长的岁月，汉代的相和歌就是用丝竹伴奏的歌唱形式，同徒歌谣（清唱一类的歌）有明显不同，相和歌可以说是小调的源头之一。魏晋南北朝时期，民间出现了《子夜四时歌》《从军五更转》《月节折杨柳歌》等时序体的乐府民歌，从中可以看到后世传播较广的几种传统小调，如四季、五更、十二月的体式结构原则。至隋、唐之际，有更多的民歌得到选择、提炼，成为说唱、歌舞演出的一部分，称为曲子，它也是小调体裁的早期形式。宋、元之后，伴随着中国城镇经济的日益繁荣，小调也进入了一个全面发展的成熟阶段。一方面，从广大农村传入城市的许多民歌曲调经艺人演唱、加工而变为小调的一部分。另一方面，元代兴起的小令、散套，在传播过程中，为适应市民阶层的需要而逐渐同体式严格的南北曲分道扬镳，变为一种通俗易懂、流畅优美、仍保留着曲牌名称的小曲。这部分小曲汇入小调，使其更加丰富多彩。明、清时期，在一部分文人学士中兴起了编纂民歌唱词专辑的风气。据统计，清中叶时，已刊印的俗曲就有6044种（见刘复、李家瑞：《中国俗曲总目稿》）。其中大多数属于小调体裁。影响较大的刊本有《霓裳续谱》《白雪遗音》《时尚南北小调万花小曲》《粤风》《粤讴》等。

民间小调是农耕时代的产物，伴随着人民群众劳动。它来源于生活，而高于生活。

盐池民间小调是在陕北信天游基础上，糅合了秦腔、酸曲、说书、坐唱等形式形成的独特民间音乐。唱词内容带有强烈本地习俗和人文特征。"比、兴、慢、拙、古、美"为其基本特征。

"女人心烦哭鼻子，男人心烦哼曲子"，盐池民间小调是人民群众表情达意最简单、直接的方式，老百姓口头创作，口口传承，鲜有曲谱，走到哪里唱到哪里，唱词现编。唱词多讲对仗，曲调流畅，充满智慧。三弦、快板、二胡、笛子为民间小调常用伴奏乐器。

盐池民间小调代表作有《四哥揽工》《十里亭》《娘劝女》《十月怀胎》《马洪奎拔兵》《十劝郎》《张连卖布》等，代表人物有李学皋、冯占国等。

盐/池/非/遗/人/物

冯占国

冯占国：民间小调市级非遗传承人。1945年生，现居柳杨堡，闲暇时醉心民歌演唱，创作了大量民间小调作品。

盐池民间唢呐鼓乐

■ **入选名录：** 第三批宁夏盐池县级项目名录

唢呐作为一种双簧气鸣乐器，最早于公元3世纪由波斯、阿拉伯一带传入中国。在古籍中，唢呐还有其他的写法，如"锁呐""苏尔奈""锁哚""唆哪"等，其读音都很相似，这是因为这些词都译自波斯语。在新疆拜城克孜尔石窟第38窟中的伎乐壁画中，已经出现吹奏唢呐的人物形象，说明在两晋时期，唢呐已经传入我国新疆；至金、元时期，唢呐渐入中原；到了明代，唢呐才流传开来，多见之于官方史料和文人笔记。

唢呐音量较大，音色洪亮，富有穿透力，适于营造热烈欢快的氛围。明代黄省曾（1490—1540年）在《西洋朝贡典录》中就记载，"祖法儿国"（今阿拉伯半岛阿苏丹国西南部佐法尔省）的国王"出入以舆马，前列象驼，后吹叭喇、锁奈（即唢呐）拥行"，场面十分热闹。

在清代，上至宫廷，下至朝臣百姓，都对唢呐这种乐器颇为爱重。宫廷礼仪规制中将唢呐编入回部乐，甚至用于"大驾卤簿"（皇帝大驾出行的车马仪仗制度）；在民间，吹唢呐曾于官宦子弟中风靡一时，晚清名臣曾国藩甚至在家书中劝慰体弱的弟弟："唢呐、吃酒二事须早早戒之。"

根据当地老辈人追忆，唢呐大约于清末民国初于盐池地区兴起，多用于红白喜事场合。1936年6月西征红军解放盐池后，人民群众吹起唢呐，扭起秧歌，欢迎红军。

由于地缘相邻，盐池唢呐受陕北影响最大。由于当时城乡文化贫乏，唢呐成为当地仅有的娱乐、礼仪项目之一，促使其渐成繁荣之势。一段时间甚至呈现出"乡乡吹唢呐、村村击乐鼓"的欣欣景象。

盐池唢呐传统曲目300余

◆ 乐器——鼓　摄影／韩棕阳

◆ 乐器——小镲　摄影／韩棕阳

首,形式内容包括唢呐老曲牌、眉户调、秦腔、民歌及爬山调等,游九曲和社火表演吹奏曲目有《水船调》《二郎妹子推面》《拥军秧歌》等,创新曲目如《薛梅吊孝》《女看娘》《八月桂花遍地开》等。后来甚至流行歌曲也成为唢呐吹奏的主要内容。

［张 学］

张学:县级非遗传承人。1978年生,盐池县人。儿时得外祖父亲传,习得民间唢呐鼓乐。18岁时带着几个弟弟组建了一支鼓乐队,自任班主,靠演出谋生。

张学在田野演奏唢呐

曲艺

○ 宁夏小曲（盐池坐唱）

世代传下来

曲艺展音才

缺谁不分开

当古老的弦乐与新时代相互碰撞，产生出了新的火花
姿态／青铜冶炼

宁夏小曲（盐池坐唱）

■ **入选名录：** 第七批宁夏回族自治区级项目名录

盐池坐唱以陕北说书为借鉴，是当地群众喜闻乐见的一种娱乐方式。

清末民国初，广大民众生活难以为继，残疾人更是举步维艰。彼时，穷苦盲人为生活所迫，不得不以简单坐唱技艺乞讨生活。后来坐唱艺人逐渐吸收秦腔、眉户、道情及信天游唱法元素，开始坐唱长篇剧目，形成"说书"。

盐池坐唱艺人结合当地民间小调，融合日常生活内容，将其发展成为一种独具地方特色的民间曲艺。

盐池当地最有名的民间坐唱艺人当数王有。

王有，盐池县花马池镇四墩子人，1903年出生于贫寒之家。12岁开始放羊时，结识了一位张姓外地人，有些文化。张姓人

❧ 《王贵与李香香》作者李季与老艺人王有等人畅谈

见王有聪明好学，空闲之余便教他背《三字经》《百家姓》，不久张姓人远走他乡，王有的书也算念完了。由于他记忆力强，爱听书看戏、赶"红火"，日子长了也记下一些曲牌唱词，自己用葫芦做了一把胡琴，开始自弹自唱。

1936 年 6 月 17 日，西征红军攻下定边城后，挥师盐池县城花马池。国民党盐池县县长屈伸及保甲组织强逼老百姓进城，妄图和红军对抗。当时王有妻子卧床不起，又有年迈的父母和幼儿需要照顾，实在走不开，便苦苦哀求保甲长留下来照顾家人。三日后，盐池县城解放了。王有进城听说了红军攻打花马池城和打土豪分田地的经过后，十分激动，回家一宿未睡，编出了《红军打屈县长》这首后来广为传唱的坐唱曲子。

1939 年王有妻子病故后，日子过得艰难，只好领着十几岁的儿子王生启打工放羊。后在政府帮助下分了地，生活逐渐好转，因此编唱了《父子揽工》。1942 年，王有根据佟记山人王科拥军事迹，编唱了《劳动英雄王科》。1944 年 12 月陕甘宁边区留守兵团政治部文工团到盐池慰问演出时，还根据《劳动英雄王科》唱词编演了《劳动英雄王科翻身记》街头剧，使劳动群众学习英雄劳模的积极性进一步高涨。

1943 年前后，王有根据三边地区发生的一件真实事件编唱了《寡妇断根》曲子，在当地广为传唱。后来当事人因《寡妇断根》对其有污蔑嫌疑，将王有告到了当地政府。政府派出工作人员对这件事进行调查，正是后来创作《王贵与李香香》的著名诗人李季。

1945 年，受盐池县民主政府委派，时任政府秘书的诗人李季和几位同志到花马池镇四墩子村调查围绕《寡妇断根》发生的民事纠纷，从而结识了当事人——民间艺人王有。在调查中，李季发现王有在民歌方面有特别的天赋和才能，而王有所唱的《寡妇断根》也为李季带来了创作灵感，从而催生了中国现代文学史上著名的长篇叙事诗——《王贵与李香香》的诞生。李季后来在《我是怎样学习民歌的》一文

◆ 音乐人苏阳与盐池坐唱艺人刘世凯、张建军交流

◆ 盐池坐唱艺人侯文礼

中曾深情回忆道："一个放羊的创作了一首歌，在这首民歌中，不仅深刻、辛辣地批评了某些干部的立场不稳，也真切地描述了案件的起因、过程和本质的矛盾所在。当时，我正担负着调查这个案件的任务，这首歌大大地帮助了我的工作。"

这件事后，李季和王有成为艺术上的朋友和知音。

王有的坐唱以信天游和"打宁夏调"等曲牌为唱腔，旧曲填新词，群众易学易记，故而流传甚广。群众都说：王有能得很，你指一件事，他就能现编现唱，让人伤心落泪，也能让人笑得肚子疼。

王有作品大部分散失，仅存20余首。中华人民共和国成立初期，何其芳、张如松选编《陕北民歌》时，将王有的坐唱《红军打屈县长》《父子揽工》和《劳动英雄王科》选入其中。

除王有外，冒维金也是盐池坐唱中的佼佼者。

冒维金，1929年生于盐池县柳杨堡乡东冒寨子村，4岁时母亲病故，由双目失明的父亲拉扯长大。冒维金自小喜欢民间小曲、坐唱、乐器，且悟性好，学乐器没有拜过师，也没上过学，打板、吹笛子、拉二胡全凭自己琢磨，弹三弦最拿手。

在冒维金坐唱生涯中，有两位当地民间坐唱艺人对他影响最大，一位是王有；另一位则是冒维金同母异父的哥哥罗宽。三人经常一起琢磨探讨坐唱技艺。冒维金自编自演了《刘三做饭》《死脑筋陈三》《植树好处多》等歌颂现实生活的作品。

20世纪80年代，全区征集民间歌曲，县文联主席马广建多次到冒维金家中帮他整理坐唱曲目，使部分作品有幸得以保存下来。

除王有、冒维金、罗宽等人外，三区（雷记沟）"常瞎子"在当地也是比较出名的坐唱艺人。20世纪四五十年代，"常瞎子"常常以乡间故事编出喜庆的坐唱内容，乡人若给老人祝寿、孩子过满月时，通常都要请"常瞎子"到场助兴。盐池南部山区麻黄山一带也多坐唱艺人，直到21世纪后的今天，仍有坐唱艺人在农村"过大事"或节庆期间表演。

如今，活跃在盐池各类舞台的坐唱艺人侯文礼、杨树祥、刘世凯、陈晓仙等依然传承着具有盐池特色的宁夏小曲——盐池坐唱。

盐池坐唱，有说有唱，配以三弦、钹鼓等器乐伴奏。唱词内容大量融合地方方言，通俗易懂，并尽可能在唱词中增加虚词衬托，增强感染力。除开场念白或特定唱词外，内容几乎不加任何限制，任意发挥，与固定唱词的其他曲艺相比，独具地方特色。

发展至今，坐唱艺人多为一专多能，除了会演奏传统说书中所用的五种乐器外，又在其中加入了鼓乐。目前坐唱艺人用到的乐器主要有：大三弦或琵琶、梆子、耍板、"麻喳喳"击节木片、小锣或钹鼓等。

盐池坐唱的这些特点，使其成为民间叙事文学研究的珍贵资料。

侯文礼

侯文礼：盐池坐唱市级非遗传承人。1962年生，盐池县二道沟自然村人，现就职于盐州艺术团。自20世纪70年代开始跟随爷爷侯玉环学习坐唱技艺，相继学会了《小八义》《大八义》《五女兴唐传》《金镯玉环记》《劈山救母》《回龙传》《花柳记》《落碗记》《蜜蜂记》《狸猫告状》《滚楼记》《薛仁贵征东》《十粒金丹》《胡彦庆打擂》等几十部长篇大书，还有小段书如《包公夸桑》《罗成算卜》《九九图》《小两口抬水》《三女婿拜丈人》等，他的代表作有《最美宁夏川》《王贵与李香香》《下一代的爱》《精准扶贫》《有个地方叫盐池》《宁夏山川好地方》《盐池好地方，花开遍地香》《团结一心，抗击疫情》《老区辈出女英贤》《相信国家，相信党》《古城枪声》等，作品在省内外都多次获奖，本人参加央视节目，并到国外交流演出。

杨树祥

杨树祥：盐池坐唱县级非遗传承人。1954年生，盐池县人。作为一名盲人，杨树祥积极面对生活，一边开办养猪场养家糊口，一边自学说唱技艺，进行说唱传承与创作。20世纪70年代每年外出演出240余场次，观众累计达到2万余人次，前后培养弟子近10名。其坐唱作品主要为传统曲目《黑虎传》《大八义》《五女兴唐传》，现代剧《智取威虎山》《白毛女》，自编自演《十劝我老公》《建设社会主义新农村》等。

○ 铁柱泉张家武术

○ "狼吃羊"

○ 打老皇

○ 跳三间房

传统体育、游艺与杂技

铁柱泉张家武术

■ 入选名录：第五批宁夏回族自治区级项目名录

早在明弘治十三年（1500年），总督延绥、宁夏、甘肃三边军务（三边总督）、户部尚书秦纮（1425—1505年），就准备在铁柱泉筑城，"但非形势所宜。是故不终其事。"嘉靖十五年（1536年），明都察院左都御史兼兵部左侍郎，后官至兵部尚书的刘天和，主持筑铁柱泉城，都察院右副都御史张文魁、宁夏镇守总兵官都督王效、按察事大夫谭闇协力修建。铁柱泉城的军民皆擅习武。

清中期，居住于灵州花马池分州惠安堡钱记塬的一户钱姓人家迁居铁柱泉，和当地张姓人家合住在一起，不仅成为邻居，两家还结了姻亲。钱家后辈钱仲玉曾在榆林府定边县史家寨子任护院教头，后回铁柱泉。将一身本领传授给儿子钱榜和外甥张科（1875—1952年）。

后来，钱仲玉带着钱榜、张科表兄弟俩到灵州城谋生时，正逢武馆拳师朱簸箕举行比武大会，钱仲玉带钱榜和张科上台，打败了朱簸箕及其弟子，并按照比武约定接替了朱簸箕开设的武馆。朱簸箕心中不服，多次找人与钱仲玉三人比武，都被打败。在一次次挑战比武中，张科的武艺日渐精进，不仅对舅舅所授武术发挥娴熟，而且逐渐形成了自己的武术风格。

1911年，辛亥革命爆发，钱仲玉带着钱榜、张科从灵州回到铁柱泉，一边经商，一边习武。

张科生有六子，分别叫

◈ 张文杰和学生在野外练习
张家软拳

"十八模子棍"现场表演

摄影 / 何武东

万魁、万元、万珍、万秀、万镒、万宝,武艺学得比较精通的是万魁、万镒、万宝三兄弟。民国年间,张科带长子万魁到灵州、金积等地摆擂台,鲜有对手,名噪一时。

张家武术传承至今,经过第八代传承人张文杰、张海英等和第九代传承人张煜等的努力,通过参加各类比赛、开展"进校园""进社区"等活动,不断传承着传统武术文化的精神。

最能代表张家武术精髓的是"十八模子棍"和"铁柱软鞭"。

"十八模子棍"是一套单头棍法。我国武术界曾有"南拳北腿东枪西棍"之说,西北棍法是公认的棍术佼佼者,单头棍更是其中翘首。棍术一般都是握中间、使两头;单头棍则是握底端,像枪一样使棍。

"十八模子棍"属于子母棍法,母棍为外场棍法,按照攻、守、进、退、虚、实、柔、刚规律,有大凤魔、小凤魔、大挑子、小挑子等十八套路,因此叫"十八模子棍"。整套棍法布局严密,大开大合,虚实相应,威力无穷。

张家"铁柱软鞭"所使软鞭为马鞭,之后逐渐转变为红柳杆制成的赶车大鞭。红柳大鞭柔韧性和弹性好。使用时,右手握鞭举过头顶,左手虚握鞭梢,靠鞭子上仰挥舞时与手产生的弹力而增强威力。鞭法招式以劈、扫、摧、架、缠、挂为主,灵活多变,一招一式如破风而至,凌厉异常。

张文杰

　　张文杰：铁柱泉张家武术区级非遗传承人。1966年生，盐池县冯记沟乡铁柱泉村人，张家武术第八代传承人。张文杰5岁起随父习武，上学期间也未曾间断，高中毕业时已得张氏红拳练法要义，精通刀、枪、剑、棍及大、小红拳。2000年起开始挖掘整理张氏武术，编写拳谱，先后创办张氏红拳培训班及铁柱泉张家武术俱乐部，2016—2018年被盐池县文化馆、冯记沟中心小学、盐池县第五小学聘为武术教练。多次带领学生弟子参加"非物质文化遗产日"成果汇报表演；先后带领弟子参加西北五省传统武术锦标赛、峨眉山世界传统武术锦标赛、甘肃省传统武术锦标赛、宁夏回族自治区全运会、宁夏青少年U系列武术锦标赛、宁夏青少年散打公开赛等区域赛事，并多次获金、银、铜牌奖项。

张海英

　　张海英：铁柱泉张家武术市级非遗传承人。1969年生，铁柱泉村人。张家武术第八代传承人。

张 煜

　　张煜：铁柱泉张家武术市级非遗传承人。张家武术第九代传承人。1995年生，铁柱泉村人。六岁起随父亲张文杰习武。2018年开始对外传授张家红拳，先后被冯记沟中心小学、盐池县第三小学聘为武术教练，教授学员近200名。

"狼吃羊"

■ 入选名录：第一批宁夏盐池县级项目名录

"狼吃羊"是流行于陕甘宁和内蒙古地区的一种民间棋类游戏，叫法各不相同，陕北地区称之为"狼吃娃"，陈忠实在《白鹿原》里有描述；内蒙古地区将这种游戏称之为"鹿旗"，蒙古语译为"宝根吉日格"；在盐池地区将此类游戏称为"狼吃羊"。

在今蒙古国境内的哈剌和林万安宫废墟中出土一副"狼吃羊"棋盘，证明"狼吃羊"游戏至少已有700多年历史。

盐池地区以农牧业生产为主，当地几乎人人都会"狼吃羊"。过去在田间地头、野外草场常常会看到二人对战或三五人围观，玩得不亦乐乎。

玩"狼吃羊"时，一般先选择一块平整光滑的地方画好棋盘。棋盘呈正方形，纵横线各5

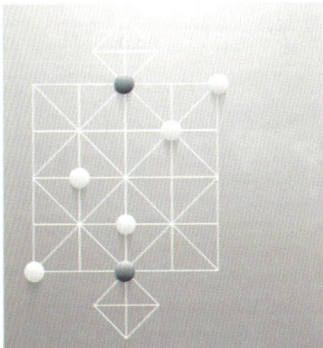
◆ 西汉出土的石羊

条，加上长短不一的6条斜线交叉成25个点，在正方形的上下还要各画一个菱形，并在菱形内画一个十字，形成4个点，俗称"狼窝"。

游戏开局时，先在棋盘中间正方形各节点摆上石子，一方持2块大石子当狼，另一方持24块小石子当羊。先在棋盘正中的小正方形各点上摆8只"羊"，在双耳与大正方形结合点的"狼窝口"各摆一只"狼"。

规则是，"狼"先走，"羊"后行。"狼"按路线跳过对方的一只"羊"，就能吃掉这只"羊"。整个棋盘线条交错，结构复杂，持狼的一方想方设法占据有利位置，尽可能吃掉更多的羊；而持羊的一方则要四面围堵，尽可能困死狼。使其不能跳动时为胜棋。

目前，狼吃羊这一古老游戏，正借助互联网成为一款网络游戏，以新的形式融入现代生活。

◆ "狼吃羊"

打老皇

■ **入选名录**：第二批宁夏盐池县级项目名录

据说，打老皇游戏在盐池流传了几百年。

新中国刚刚成立到改革开放之初的一段时期内，一些传统游戏便成为城乡少年儿童学业之余的主要乐趣，打老皇便是其中流行广泛且极具趣味的一种。

打老皇需要在户外较为宽敞的地方进行。开局前先在地上画一条长约6米的竖线，再准备一些废弃的砖头，凑足6人即可开局。

开始打老皇时，先将五块砖头依次、等距、居中、立起摆在竖线前端四米左右，最前一块砖头代表"老皇"，第二块代表"执行官"，第三块代表"加减官"，第四、第五块均代表"打手"。再在竖线下端画一条弧线作为打老皇脚踩准线。6个玩家依次出场，一人一次，抛掷砖头去砸竖线上五块砖头中的任意一块，砸准哪块，该玩家就代表了砖头对应的角色，把自己刚刚抛掷的砖头放在上面，退至一旁等候下一名玩家上场。前面砸中"加减官"的玩家放在"官位"上的砖头被其他队员砸到了，要重新加入玩家队伍继续砸砖，直到所有砖头都被砸到时，玩家分别找到自己对应的角色。因为有6个玩家、5块砖头，所以会有一个玩家没有砸到砖头，没砸到砖头的玩家被视为"小偷"。

玩家一旦被确认为"小偷"，便立刻扔下手里砖块迅速逃离，扮演"老皇"的玩家会及时下令，派两个"打手"去捉拿"小偷"，"打手"抓"小偷"后由"加减官"负责"量刑"（即加减）。"老皇"可以默认"加减官"对"小偷"

◆ 打老皇

的"量刑"，也可以决定处罚的轻重、次数，或命令"执行官"更改惩罚方式，再由"打手"实施惩罚。一轮惩罚结束后，游戏重新来过。

打老皇时，这些砖头往往被赋予各种含义，除了上面玩法中的角色，还可以将角色定义为"解放军武器""敌人碉堡"等。不同地方、不同儿童群体、不同文化背景下的砖头代表的角色和被赋予的文化内涵也一直在变化。打老皇的趣味性、丰富内涵也正在于此。

何贞阳

何贞阳：打老皇非遗县级传承人，1995年生，盐池县人。何贞阳爷爷掌握了这个竞技游戏，2008年传承给何贞阳，至今仍将这个游戏不断普及给年轻一代。

跳三间房

■ 入选名录：第二批宁夏盐池县级项目名录

跳三间房游戏始于清代，是中国民间传统游戏之一。在20世纪50年代至80年代十分普遍，它不仅能提高幼儿保持身体平衡和跳跃的能力，提高身体的灵活性和协调性，还能培养幼儿机智、果断的意志品质。

跳三间房又被称作"蹴瓦""跳房子"游戏，一般两人或四五人参加。盐池地区跳三间房与全国其他地方玩法类似，只要几片碎瓦、一支粉笔（或涂白料）就能让一群孩子玩上一整天。

准备玩跳三间房时，先要选定室外一块空闲场地，画出几座"房子"。全国不同地方所画"房子"形状和数量各不相同，但基本是以大方格代表"房子"。

盐池地区画圆代表"房子"。一般根据玩家需求要画五个以上直径约1米的大圆，每个圆内填写一个数字，由下往上分别填写。到第四排则居中并列再画两个圆。

游戏开始后，玩家先通过猜"石头剪刀布"或其他方式决出上场次序。以五个房子为例，第一个上场的玩家先将"瓦儿"（小块瓦片或游戏沙包）扔在1号"房子"内，随即开始单脚依次跳"房子"，跳到4号、5号两座"房子"之间时，两脚各踩一座"房子"，然后两脚同时跃起转身跳至2号"房子"，弯腰捡起先前丢到1号"房子"的"瓦儿"，再由2号"房子"跳至1号"房子"。然后将"瓦儿"扔到2号"房子"，重复刚才的跳跃规则，直到站在3号"房子"里捡起"瓦儿"，依次跳至1号"房子"时跳出，以此类推。最后跳完5号"房子"后，可将"瓦儿"扔向4号、5号"房子"前方，再从1号"房子"依次跳起，跳到4号、5号"房子"时，向后跳转双脚落地，然后用手向后摸"瓦儿"，摸到后跳出"房子"外。接着背对房子扔"瓦儿"，"瓦儿"落到哪个"房子"，这个"房子"就成为该玩家的"房子"，

并在该"房子"内写上本人名字。
这名玩家则继续从 1 号开始跳"房

子",经过自己的"房子"时可以双脚着地。游戏玩至最后,"房子"越多的玩家,排名越前。

游戏过程中,"瓦儿"压界、脚踩界、需单脚着地时双脚着地、跳到"房子"时脚动两次以上,都被视作犯规;扔"瓦儿"时压界或落到别人"房子"中,也视为犯规。犯规玩家主动出局,等待下一轮游戏。

除上述基础玩法外,跳三间房可以演变出更多新玩法。孩子们在游戏过程中不断修正游戏规则,甚至创新出各种各样有趣的玩法。

传统美术

- ○ 盐池剪纸
- ○ 盐池刺绣
- ○ 盐池织绣
- ○ 盐池民间油漆画
- ○ 盐池滩羊皮工艺美术画
- ○ 彩泥塑
- ○ 沙生木雕
- ○ 盐池民间年画

盐池剪纸

■ 入选名录：第四批国家级项目名录

剪纸是一种历史悠久，并且流传很广的民间艺术，是中国民间艺术中的瑰宝。剪纸艺术的产生和流传与中国的节日风俗有着密切关系，逢年过节抑或新婚喜庆，人们常常会贴剪纸，把美丽鲜艳的剪纸贴在雪白的墙上或明亮的玻璃窗上、门上、灯笼上等，那质朴、生动有趣的艺术造型，把节日的气氛渲染得非常喜庆。

剪纸，盐池当地也叫剪窗花，盐池农村贴窗花习俗已久。

旧时，劳苦大众虽食不果腹、衣不蔽体，逢雨屋漏，起风穿墙，生活维艰，但也向往美好生活。每逢年节时，人们总要剪一些窗花贴到窗户上，图个吉利喜庆。一如《白毛女》中的喜儿，日子再难再苦，爹爹杨白劳也要为她扎上一根红头绳。

剪窗花的工具材料简单，一把剪刀、几张彩纸足矣。而窗花内容却十分生动丰富，花鸟鱼虫、飞禽走兽、山水人物、民间故事……都能用小小剪刀表现出来，妙趣横生。

过去，盐池农家窗户都比较简陋，大多为麻纸糊的方格窗户，窗棂格大小一般为二寸半到三寸见方，因此所剪窗花以能贴进窗格为宜，窗花内容通常为"一花一物""一花一景""一花一事"，构图简洁明快。

盐池百姓剪窗花时，

◆ 剪纸传承人高菊艳创作"天下黄河富宁夏"桌旗　摄影／薛月华

左：古元 1943 年创作套色木刻《识一千字》

中：古元在盐池采风时创作剪纸《纺纱》

右：盐池张郭氏的剪纸《纺纱》

大多采用"熏样法"。先在一块书籍大小的木板一面喷水，贴上白纸，用刷子刷平，再将"花样"（窗花底样）依法贴到白纸上刷平，等纸面和"花样"半干时，面朝下用油灯黑烟来回熏染，直到"花样"全部熏黑后，面朝上置于一旁晾至微干，揭下"花样"后，将刚熏成的"底样"裁成比"花样"略大的正方形或长方形，窗花"底样"就算做成了。将原来的"花样"压到书页中保存起来，以备后用。

选择三色（两色或单色均可）"油光纸"或彩纸，裁成与底样大小相同的纸片，与底样压在一起（底样放在最上面），用针在图样中间及四周扎眼十多孔，将贴窗户用的麻纸剪成半寸长的小三角，用手搓成"纸钉"，穿入针眼，固定好彩纸和底样四周，压平，就可以剪窗花了。

盐池窗花的式样风格，南北地区不尽相同。南部山区麻黄山一带受陇东剪纸影响较大；中北部地区受陕北剪纸影响较深。但内容皆以吉祥喜庆为主，多为传统吉祥图案、动物、植物和传统故事人物等。另有洞房装饰"窗花"，常见如《老鼠吃西瓜》意为"破红得子"，《娃娃坐莲花》意为"连生贵子"等。

盐池窗花也可以表现生活中的美好事物，如生产劳动、新气象等。这样的表现形式曾直接影响启发了陕甘宁边区时期的"新革命窗花运动"。

1942年，延安文艺座谈会讲话发表后，边区广大文艺工作者开始以各种形式践行毛泽东同志提出的"到群众中去""提高自己的艺术技巧"的文艺号召。艾青、古元、力群、江丰、夏风、罗工柳、陈叔亮等延安鲁艺的艺术家积极到各地采风、体验生活。1943年2月，春节刚过，诗人、画家艾青和版画家古元一起随商人驼队到达三边分区考察，来到盐池县三区张记沟村张芝家。张芝热情好客，安排吃饭时，艾青、古元发现张家窗户上贴着许多窗花。艾青这位毕业于国立杭州专科艺术学校的科班生对窗花赞不

绝口："（虽然）比较粗犷、单纯，但以艺术的眼光看……更显得淳朴可爱。"张芝母亲看到客人对儿媳张郭氏剪的窗花赞不绝口，心里很是高兴。当时儿媳回娘家不在，张母东翻西找，终于找到媳妇夹窗花"花样"的夹子，把其中《大山羊》《大肥猪》《荷花鲤鱼》《鲤鱼跳龙门》《鸭嘴鲫鱼》《老鼠偷西瓜》《大白菜》《纺纱》等8幅窗花送给了艾青，另把一幅名为《送饭》的窗花送给了古元。几幅窗花中，《纺纱》和《送饭》是张郭氏自己摸索创作的两幅写实作品，虽然线条简单，构图并不完整，但是这种用剪纸手法表现现实生活的窗花，最受艾青、古元称赞。

艾青得到8幅窗花后，非常喜爱，在其后来编写《西北剪纸集》时，在序言中写道："这些剪纸，在别处我们没有见过，手法很熟练，每样东西的形态都很逼真，构图也好，其中最好的是《大山羊》和《纺纱》这两张。"

回到延安后，艾青将收集到的窗花分门别类，编成鲁迅艺术学院的美术教材。古元则把民间剪纸艺术融入创作中，借鉴《送饭》和《纺纱》，创作了富有边区生活气息的24幅剪纸作品《二十四格窗云子》

和单幅大窗花《合作社》，把现实革命生活融入剪纸艺术之中。

艾青、古元三边之行，使沉寂千年的民间窗花登上大雅之堂，在当时延安艺术界产生很大影响。古元在搜集整理民间剪纸过程中，融合版画雕刻艺术，创新出一种独特的民间美术形式——木刻窗花，被称为"新窗花"。1946年艾青编辑出版了《民间剪纸》；1947年陈叔亮编辑出版了《窗花——民间剪纸艺术》，收入其1940—1945年期间在盐池、定边、蒲城、庆阳、关中、绥德等地收集的窗花98幅。新中国成立后，艾青、古元二人增加了部分木刻新剪纸，将《民间剪纸》交由上海晨光出版公司出版，更名为《西北剪纸集》。

而新革命窗花运动又反过来影响了盐池之后的窗花创作，《送郎参军》《五哥放羊》《白毛女》等，都是在新革命窗花运动之后产生于盐池的窗花作品。

80多年过去了，剪纸这门民间艺术在盐池继续传承发展着，一批心灵手巧的妇女们为"窗花"这个古老的民间艺术，赋予了新的艺术生命。

◆ 宁夏"壮美70年 美丽新宁夏"民间工艺美术展《我和我的祖国》作品展出

高菊艳

高菊艳：剪纸区级非遗传承人。中国民间文艺家协会会员、宁夏民间文艺家协会理事、宁夏工艺美术协会会员，吴忠市民间文艺家协会副主席、盐池县民间文艺家协会主席。宁夏工艺美术二级大师，自治区级"金剪刀"奖获得者。

多年来，创作剪纸作品近 500 多幅，获全国及地方大赛的金、银、铜奖 30 余次，代表作《王贵与李香香剪纸连环画》获第三届中国（潍坊）民间艺术博览会金奖；作品《脱贫富民》《梦圆冬奥》《长城脚下的冬奥会》分别获中国民协举办的第六、第七、第八届中国剪纸艺术节暨全国优秀剪纸艺术作品大赛二、三等奖，同时《梦圆冬奥》获"吴忠市政府 2014—2016 年度重大文艺作品铜奖"；《壮美 70 年，礼赞新宁夏》《振兴乡村》分别获宁夏"壮美 70 年，美丽新宁夏"民间工艺美术展一、二等奖；在全区"非遗进万家，文旅展风采"——2020、2021、2023 年度宁夏黄河流域非遗作品创意大赛中分别获一等奖、优秀奖、铜奖；作品《塞上江南神奇宁夏》（集体创作）、《脱贫奔小康》在西部九省的"最美小康路——中国西部民间工艺主题创作展"中分别获金、银奖；《俺家乡的枸杞熟了》获全区剪纸大赛二等奖，同时，参与集体创作的《壮美 70 年，礼赞新宁夏》获自治区第十届文学艺术一等奖。自 2018 年开始连续多年参加"全国乡村春晚"节目录制。为传播中华传统文化，多次参与区、市、县文艺志愿者服务活动，进校园、进社区、进机关、进企业。

芮利东

芮利东：剪纸县级非遗传承人。1978 年生，盐池县王乐井乡人。自幼聪慧好奇，随母亲学习剪纸，初中时利用黏土制成薄板，刻出富有创意的立体剪纸作品。2017 年其剪纸、陶艺作品载入《吴忠民间手工艺术》。

郭君珅

郭君珅：剪纸县级非遗传承人。1973 年生。1992 年开始随母亲陈爱玲学习剪纸，20 余年刀耕不辍，逐渐形成个人风格，代表作品有《九曲龙门》《长城公园》《中医故事》等。

盐池刺绣

■ 入选名录：第五批国家级扩展项目名录

刺绣，又名"针绣"，俗称"绣花"，以绣针引彩线（丝、绒、线），按设计的花样，在织物（丝绸、布帛）上刺缀运针，以绣迹构成纹样或文字，是我国优秀的民族传统工艺之一。古代称"黹""针黹"。后因刺绣多为妇女所作，故又名"女红"。刺绣，起源于人们对装饰自身的需要。黄帝时就有彩绘花纹的记载。说明古代人懂得用色彩来美化自己，开始时将颜色涂在身上，"称彰身"，再进一步刺在身上，称"文身"，后来就画在衣服上，再发展成绣在服装上。

刺绣在过去盐池农村被当作"妇功"（类似于古代"女红"），为闺阁女儿家必修技艺。农家女儿从七八岁开始就要学做针线活了，稍长，则开始学习刺绣。祖母、母亲、姑母、姐姐甚至邻居亲戚都可以成为启蒙老师。

农村女孩出嫁前，先要提前做好陪嫁品，包括绣鞋、针扎、荷包、枕头顶、老虎枕、虎头鞋等，上面绣"鱼戏莲""麒麟送子""喜鹊登梅""蝶恋花""百子石榴"等传统吉祥图案或虫草、花卉、动物等。

荷包的形状多为虎、鹿、桃、鹊儿、如意形，寓意福、禄、寿、喜、如意，上面多绣蝎子、蛇、蜈蚣、壁虎、蟾蜍"五毒"，祈求辟邪祛病。

闺女出嫁时，绣鞋垫最多。一是比较容易些，采用"纳绣"方式，材料、图案都相对简单；二是所需量较大，出嫁到男方家时，叔伯长辈、姑姐弟兄，都要送一双。给爷爷奶奶往往，要送上寿帽、如意枕、烟袋等大件绣品，以示尊重。

20世纪六七十年代后，盐

→
❀ 王淑萍刺绣作品《凤求凰》

池农村还流行一种"跺花"或"掇花"绣，所用圆形绷子叫"花绷绷"，为内外切合的两个竹圈，可调节大小；绣针如注射针头一般空心，中间穿上丝线，然后在绷好绣布的"花绷绷"上，像小鸡吃米一样，绣出图案。绣品多为门帘、窗帘、盖头苫布等。

20世纪80年代以前，盐池农村刺绣多用丝线（当地俗称"熠子线"），也有用麻线和棉线的，构图简洁大方，色彩明亮大胆。刺绣方法也比较简单：刺绣前，先将绣布绷到"花绷绷"上，以复写纸转印图案后，开始在上面刺绣；或者先在硬纸片上画出图样，沿边剪裁出大样，用糨糊或针线将图样固定在绣布上，就可以开始刺绣了。

进入21世纪后，盐池刺绣针法逐渐丰富，滚针、缉针、标针、绗针、打子、蕾花、补花、雕绣、抽丝、锁边绣等针法和技艺在当地都有所展现。

[盐/池/非/遗/人/物]
王淑萍

王淑萍：刺绣项目区级非遗传承人。1967年生，祖籍甘肃通渭，盐池县"萍之绣"刺绣坊创立者。6岁开始跟随外祖母学习女红刺绣，后经过长期学习实践，娴熟掌握宫廷绣、打籽绣、盘金绣、点绣、飘丝绣、锁绣、松桃绣等多种刺绣技法。参与编写《手工刺绣与西北民间刺绣》等图书，2012年受邀担任中国文化部驻毛里求斯中国第一期刺绣班讲师。

李向琴

李向琴：刺绣项目市级非遗传承人。1978年生，盐池县人。2016年3月成立盐池县巧姐妹专业刺绣合作社，开展刺绣传统手工艺品创新制作，并通过线上销售。2017年10月被宁夏同心县鑫源技校聘为刺绣讲师。

周 莉

周莉：刺绣项目市级非遗传承人。1966年生，盐池县人。2004年师从王淑萍学习宫廷织绣和西北民间漂丝绣（挑针绣），从姐姐周彩珍处学习打籽绣、盖针绣（毛绣），探索创新"穿线铺针绣（长短针掺针绣）"，主要作品有《石榴结籽》《花瓶》等。

文 涛

文涛：刺绣项目市级非遗传承人。1989年生，盐池县人。2000年开始学习刺绣针法，2015年在县城开办云锦绣坊，其间多次受邀到宁夏同心红寺堡、下马关等地担任刺绣培训班讲师，培训刺绣爱好者和农村建档立卡户200余人次，获2023年宁夏刺绣作品创意大赛最佳创意奖。

盐池织绣

■ **入选名录：** 第三批宁夏盐池县级项目名录

盐池织绣在盐池民间早有发端。

民国初年，盐池当地一些婆姨、女子居家做女红时，便时常以彩线在家用包裹、被单、苫布、门帘及男人用挂包、褡裢等常用物件上绣出动物、花卉等图案或商号、姓字，不仅仅为了美观好看，亦示区别。

1936年11月山城堡战役前后，西征红军在盐池南部山区征粮时，便有当地农村妇女精心织绣"支援红军"小棉帐赠送部队。

盐池织绣以选线抽丝缠针手法绣出，针法包括全线、半全线缠针两种。图案与衬底（即被织物）纤维之间互相结构紧密，百洗不易变形。土布、麻布、丝织品及其他弹性织物均可作为衫底。盐池传统织绣完全受刺绣影响，与当地荷包、针扎、虎头帽、枕头顶儿、绣花鞋等民间刺绣图案风格相似。

如今，盐池织绣经过几代传承人不断创新发展，广泛应用于生活日用及文创产品。奇花异草、飞禽走兽、吉祥图案、古风演绎、红色文化、民俗风情，无一不是织绣创作者的题材。

◆ 盐池织绣作品《三阳开泰》

◆ 1979年，著名漫画家张文元
（右三）在盐池为农民画像

盐池民间油漆画

■ 入选名录：第三批宁夏吴忠市级项目名录

盐池民间油漆画大约在几百年前就有流传，这可以从当地遗存下来的条案、被柜、妆箱等老物件上看到。

当时在盐池县城花马池周边从事油漆画者，多为外地迁来讨生活的匠人。

目前，有文字记载的油漆画工匠中就有1926年由山西应县辗转来到花马池城，以油漆画谋生的李志恒。

20世纪60年代中期，曾任《宁夏日报》美术编辑张文元被下放到盐池县苏步井公社硝池子生产队进行劳动改造，走村串户给村民油漆家具，创作了大量油漆画，部分画作被保存至今，成为藏家珍品。

盐池县比较有影响力的油漆画匠人还有20世纪五六十年代青山乡石山沟村民王天宇等。之后，还有周永祥、尹长录、陈德毅、张河、马景澜、张卫强等。

盐池民间油漆画创作包括家用油漆画和古建油漆画两种。

家用油漆画主要适用于箱柜、木阁、屏风、炕帷子及各式木制家具。古建油漆画包括和玺彩画、旋子彩画、苏式彩画、吉祥草彩画、海墁彩画等。民间祠堂、家庙油漆画图案包括山水、人物、花卉、博古、飞禽走兽及各式传统吉祥图案等。

🔶 张河在乡间作画
摄影 / 何武东

　　油漆画打底上漆工具仅灰刀、刮板、毛刷、砂布等，所用材料包括腻子粉、骨胶、白乳胶、纤封带等。漆画工具包括不同型号毛笔、油画笔、勾线笔，各色调和漆、磁漆、清漆、罩面漆等，全部为国产矿物质颜料。

　　盐池民间油漆画纯手工绘制。绘制前先将画件表面用砂纸打平，清理干净，然后调腻子刮填坑点裂缝，腻子干后打磨平整，用纤封带将裂缝处封好。之后再通刮腻子两至三遍，刮一遍则用砂纸打磨一遍，直到画件表面平整光滑为止。之后上封底漆一遍，干后用水砂纸打磨一遍，再上面漆两遍，上一遍面漆需用水砂纸打磨一遍。面漆干后，则开始在上面勾画图案轮廓，再根据图样颜色，由浅到深层层晕染，直至图案成形，之后以墨线或金线勾勒图案轮廓，画面干后再上透明面漆两遍，最终大功告成。

马景澜

马景澜：盐池民间漆画市级传承人。1960 年生，盐池县人。自 20
世纪 80 年代开始从事民间漆画，擅长工笔人物、花鸟、山水，参与当地
多家祠堂、庙宇修缮绘画创作。

盐池滩羊皮工艺美术画

■ **入选名录：** 第八批宁夏吴忠市级项目名录

盐池滩羊皮工艺美术画的起源可以追溯到古代，经过漫长演变，融入现代民族工艺技法，成为一种新的工艺美术作品。

盐池滩羊皮工艺美术画，就是在羊皮上做的画，与藏族羊皮唐卡、蒙古族牛皮画一脉相承。一般通过描绘、着色、层染、抛光、定型、浮雕等数十道工序手工制作而成。

创作盐池滩羊皮工艺美术画需用羊的"板皮"。羊只刚宰杀后剥下的鲜皮称为"生皮"，去除羊毛后再经过熟制加工的羊皮称为"板皮"。盐池地方传统熟制板皮要经过去毛、拉板、拷板、晾板等程序，使活板变为干板，再将干板上的余肉、毛质剔除干净后，进行熟制。

熟制板皮要用"大熟"（缸熟），这个过程当地俗称"热皮"。热皮用料以米石为主、硝盐为辅，七至八成石，二三成硝和盐，根据皮张大小、四季温度不同而适当添加。出缸后，再进行扣、铲等程序鞣制而成。

盐池滩羊皮工艺美术画，是利用优质滩羊板皮为原料，在传统工艺的基础上结合了雕刻、浮雕、磨刻、烫烙、剪纸、绘画等技法，将中国传统山水、人物、花卉绘画技法融为一体，又创作出了形式丰富的现代工艺画种。盐池滩羊皮工艺美术画主要用石彩和桐油做颜料绘制，也有用丙烯颜料进行绘制的。

◆ 孙建春裁剪滩羊皮

如意

嘉宾之花忘忧此夏

平安

清莲

人无德不立
国无德不兴

🌸 孙建春创作的各类滩羊皮美术画工艺品

彩泥塑

■ 入选名录：第六批宁夏回族自治区级项目名录

彩泥塑，又称彩塑、泥玩、泥雕等，是用柳叶刀、括刀、勾刀、塑刀、木槌等简单工具或用手直接把黏土塑造成艺术品的一种民间手工艺术。

古代，盐池当地彩泥塑多用于公署、园景、寺院、祠堂造像等。

清末，花马池分州楼阁庙宇众多，如关帝庙、财神庙、药王庙、龙王庙、太平庙、眼光庙、牛王庙、马王庙、三义庙、圈神楼、魁庙、文庙等，遍及城乡，彩泥塑匠人应运而生。

盐池泥塑匠人所制多为彩塑，制作过程通常分为

♦ 陈德毅创作的彩泥塑——古代仕女

◆ 泥塑制作部分工具

扎架、上泥、压光、彩绘等几个步骤。

制作彩泥塑时，先按照既定泥塑小样尺寸，锯好木方、木条，以草绳、麻绳扎制造型骨架，再在骨架上缠绕草绳、麻皮，确保骨架强度；和好粗泥（加入麦草节和的泥）、中泥（加入"麦衣子"和的泥）和细泥（胶泥），先用粗泥抹出大致的轮廓线条，再用中泥层层填补修平；最后用细胶泥进行细节刻画，形成初步的泥胎；泥胎表面稍干时，以专用工具对其表面、雕刻阴角细处进行反复抹压，直到表面光滑流畅为止。

泥胎阴干后，准备上彩。先用钛白颜料刷底，完全干后，以天然矿物质颜料涂彩；待涂彩颜色干后，沥粉、贴金，最后在表面刷一遍清漆或桐油，整个彩泥塑就算完成了。

行话说"七分塑，三分彩"，上彩过程要仔细刻画、精心描摹，需要有一定绘画功底才能创作出较高艺术水准的彩泥塑来。

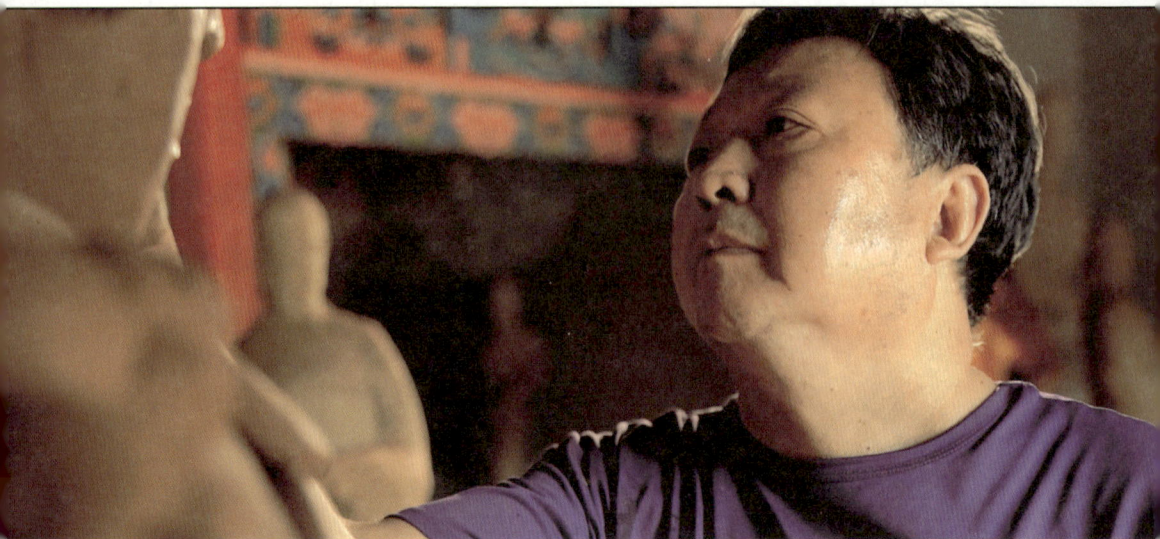

陈德毅

　　陈德毅：彩泥塑项目区级非遗传承人。1962年生，高级传统工艺师（全国
促进传统文化发展工程委员会与全国商务人员职业技能考评委员会评定）。陈德
毅自幼随父亲陈镜明学习雕塑，1986年师从韩颖生先生学习陶艺美术设计。

沙生木雕

■ **入选名录：** 第三批宁夏盐池县级项目名录

战国时木雕开始兴起，并具备了审美价值，秦汉时期随着厚葬之风盛行，随葬木俑不断出现，推动了木雕工艺发展。

盐池境内窖子梁出土的一件唐代木俑，人物栩栩如生。说明自汉唐以来，木雕工艺在盐池已有传承。

清末民国初，一批山西商人进入灵州花马池分州经营商铺店面，定居于此，随之带来房屋建筑风格上的融合，木雕工艺进入一个新的兴盛时期。

盐池木雕立意吉祥，常见题材如三阳开泰、六合同春、龙凤呈祥、丹凤朝阳、麒麟朝日、犀牛望月、封侯拜将、猫蝶富贵、狮子绣球、松鹤延年、五福捧寿、麒麟送子、喜鹊闹梅、岁寒三友、春兰秋菊、喜事连年、吉庆有余等，都可以假借动物瑞兽、草木花卉以抒怀抱，表达对美好生活的向往。

这些吉祥图案在盐池早期房屋建筑中的门楣、窗户、屏风、隔断处有所体现，在箱柜、桌椅制作时也点缀借鉴。

受干旱气候影响，盐池当地沙生植物较为丰富，枝干根形千姿百态，是创作木雕的最佳材料。榆、杨、柳木及红柳为当地木雕常见材质。

制作沙生木雕从备料到作品完成，需要经过选料、状形、设计、拼接、打坯、精雕、抛光、封漆等十多道工序。历史题材、典故人物、吉祥瑞兽、花鸟虫鱼皆可作为创作题材。

[盐/池/非/遗/人/物]
任永华

　　任永华：沙生木雕县级非遗传承人。1987 年出生于盐池县王乐井乡，从小受舅舅影响，喜好泥塑及木雕杂艺。后师从福建省惠安县国家工艺美术大师黄泉福先生从事木雕工艺学习 8 年之久。2017 年回乡创办盐池县永华木雕奇石艺术馆，结合赴闽所学，致力将本土沙生木雕技艺发扬光大。

盐池民间年画

■ **入选名录**：第四批宁夏盐池县级项目名录

年画始于古代门神画，与桃符、灶神等在中国民间有着广泛民众基础。

年画是中国特有的民间美术形式，宋代称"纸画"、明代称"画贴"、清代称"画片""画张""卫画"等，直到道光二十九年（1849年），津沽李光庭撰《乡言解颐》中始见"年画"一词。

清末民国初时，开始创作年画，由于皮毛业兴盛，当地有钱大户"拉起"数十练（一练6峰骆驼）商铺驼队，"上包头""走南路"（庆阳地区）、到川区（今宁夏川区），驼去当地皮毛、中草药等土产，带回日用杂货。年节时，也捎带回一些"门神""灶神"售卖，渐成习俗。

而陕甘宁边区时期的新年画运动对盐池老区贴年画习俗影响最大。

陕甘宁边区时期的新年画与新秧歌、新窗花几乎同时出现。1942年延安文艺座谈会讲话发表之后，陕甘宁边区出现新年画创作热潮，仅1944年冬延安刻印的套色年画多达30种。鲁迅艺术文学院美术系美术研究室专门成立年画研究室，先后撰写《关于新年画利用神像格式问题》《新年画的内容和形式问题》等文章在解放日报发表，有力推动了"新年画"创作运动。代表作品有《念书好》（江丰）、《讲究卫生，人兴财旺》（古元）、《丰衣足食图》（力群）、《军民合作，抗战到底》（彦涵）、《学习文化》（戚单）、《互助生产图》（古一舟）等。这些被称为"翻身年画"的新年画在边区甚至被作为新年礼物，由民主政府敲锣打鼓地送到抗属、烈

● 古元 1943 年在盐池采风时，创作《讲究卫生，人兴财旺》木版年画

属家中，贴新年画很快在各边区得到普及。1948 年边区先后出版新年画 40 余种、60 万份，代表作品有《参军图》（洪波）、《娃娃戏》（冯真）、《豆选》（顾群）等。不仅如此，文艺创作者还在尊重民间贴灶王爷旧习俗基础上，利用旧版加上革命口号形式，将旧版上的"一家之主"改为"一家民主"，"上天言好事，回宫降吉祥"改为"天天做好事，人人都旺祥"等，同样受到老百姓喜爱。

中华人民共和国成立后，盐池城乡贴年画习俗久盛不衰，很多年画定格为人民群众心中最温暖的记忆。

近些年来，民间年画创作开始作为一门艺术在盐池兴起。形式上主要包括木版印、水印套色、石印、胶印、半印半画等。

如今，盐池年画创作内容已不局限于祈神降福、吉祥如意、招财进宝等传统内容，事业蒸腾、脱贫致富、社会新风、丰收场景、幸福生活皆可作为年画创作的题材。

为进一步展示乡村振兴路上盐池农民的文化生活，盐池县文化旅游广电局从各乡镇征集了一批比较具有代表性的年画作品，其中以青山乡年画艺人李秀英、高峰等人的作品为主。他们的画作内容丰富多彩，或传统或现代，寓意喜庆，让群众在感受浓郁的民间文化风俗的同时，祈愿盐池人民新年吉祥。

传统技艺

○ 滩羊皮鞣制工艺

○ 地毯织造技艺

○ 盐池滩羊肉制作技艺

○ 惠安堡羊羔肉制作技艺

○ 盐池羊奶传统制作技艺

○ 盐池手工凉皮制作技艺（羊肝凉皮）

○ 盐池枸杞羊肝辣酱

○ 盐池猪肉干饭

○ 盐池灌肠制作技艺

○ 盐池大缸腌肉

○ 盐池粗粮传统制作技艺

○ 盐池荞麦传统制作技艺

○ 盐池饸饹面

○ 盐池荞面凉粉制作技艺

○ 盐池荞麦壳耳枕制作技艺

○ 黄米糕角角

○ 卜拉子

○ 盐池农家月饼

○ 八碗一暖锅

○ 盐池古法五粮香醋制作技艺

○ 冯氏古法酿酒

○ 盐池鹿血酒

○ 擀毡

○ 盐池柳编制作技艺

滩羊皮鞣制工艺

■ **入选名录**：第四批国家级扩展项目名录

一

我国先秦文献中，已有人类使用羊、狐、虎、狼、小鹿、青扞、豹、狸、犬、黑貂等毛皮作裘服的记载，其中狐、羊两类最为重要和普遍。

皮匠，为中国传统百工之一。《周礼·考工记·匠人》载："攻皮之工，凡五工：一曰函人，制作甲衣；二曰鲍人，揉制皮革；三曰韗人，制作鼓；四曰韦氏；五曰裘氏。"

函人、鲍人、韗人、韦氏、裘氏，皆为"皮匠"先祖。战国军事家孙膑，被公认为皮匠祖师。

盐池县的养羊历史，有记载的可以追溯到汉代，宋元以降，当地百姓牧民生活有赖于兹。到了明代，花马池一带"牛羊动经万计"。

滩羊这个品种，到底是什么时候出现的，早期史书没有明确记载。到了清末，宁夏贺兰山以东、甘肃环县以北、内蒙古鄂托克前旗以南，包括今盐池、定边约 200 公里以内地区生产的羊只，因其所产优质二毛皮而声名远播，成为我国裘皮之冠。《甘肃新通志》载，"裘，宁夏特佳"；《朔方道志》载，"裘，羊皮狐皮皆可做裘，而洪广（今贺兰县洪广营）之羊皮最胜，俗名滩皮"。"洪广之羊皮最胜"，并不是说洪广营所产的羊皮最好，而是因为洪广营在清末是宁夏一处非常著名的商贸集散地，且以皮毛、中药材交易最为著名。

为什么叫"滩皮"呢？这是因为在当时，山西皮货

米石和盐掺杂其中，熟制二毛皮

摄影 / 冯大伟

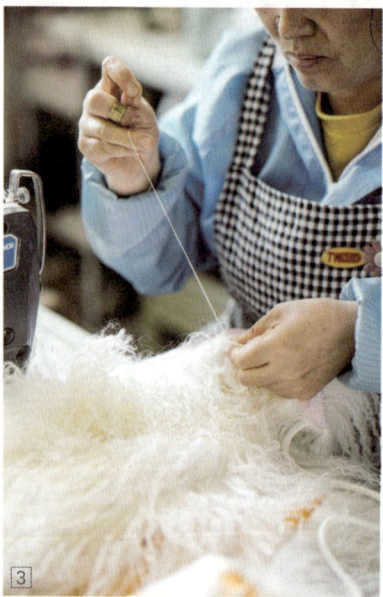

◆ ① 压版
　② 刷去浮毛
　③ 细缝
　④ 产品

　　摄影 / 冯大伟

商到宁夏洪广营收购皮货时，发现贺兰山以东滩地放牧的羊只皮质最优，故将该地所产羊皮称为"滩皮"，并在收购的皮板上特别加盖"滩皮"字样，远销各地。由皮及羊，渐渐地，人们便将这一地区出产的羊只叫作"滩羊"。

新中国成立前，盐池县的手工业作坊中数量最多的就是皮坊、毡坊、口袋坊、毛毛匠以及与皮毛有关的铺面和行当。当地百姓生活的方方面面大都与滩羊息息相关。老百姓的衣食所需、生活用度、开支来源皆有赖于养羊。老百姓的衣着鞋帽、家具物件、烟锅烟袋、儿童玩具，也大都来自滩羊。一领老羊皮袄，就是全家的当家宝贝，当地有句俗语说："白天穿，晚上盖，天阴下雨毛朝外。""毛朝外"就是当雨衣穿的意思。

二

二毛皮为宁夏"五宝"之一，最著名的当数盐池"三宝"之一的滩羊二毛皮。

说起二毛皮，它的历史可就长了，《诗经》都有记载。《诗经·羔裘》篇曰："羔裘豹饰，孔武有力。"而唐人陈陶诗云："莫道羔裘无壮节，古来成事尽书生。"

"二毛"本义为斑白的头发，常指老年人。晋人潘岳《秋兴赋序》中有"余春秋三十有二，始见二毛"之语，后世因此典故，将"二毛"代指三十余岁的年纪。

也有人将"二毛"指为短毛皮。谢觉哉在《孔夫子与老农》一文中说："他又缝了许多衣服：狐皮筒子、羔皮筒子、二毛桶子、大毛桶子。"这里将"羔皮筒子"与"二毛桶子"分开列，说明"羔皮筒子"指二毛皮大衣，而"二毛桶子"则是指短毛皮大衣了。"毛桶子"在盐池当地也称"皮统子"或"皮滚子"。

曾经在盐池县政府当秘书期间写出长篇叙事诗《王贵与李香香》的著名诗人李季在《当红军的哥哥回来了》一诗中写道："身穿二毛皮大衣，听问路忙答话跳下牲灵。"这里说的二毛皮大衣，确指现在所说的"二毛皮"大衣。

至于羔裘、羔皮从什么时候改称二毛皮的，目前尚无定论。多数说法认为大约在清末民国初时，才由晋商开始将宁夏一带所产"羔皮"称作"二毛皮"。大概是觉得羔皮和老人斑白的头发有点相像，且长度较成年羊毛要短一些，所以便将其称作"二毛皮"了。

三

滩羊羔子出生后大约 30 至 55

天时所产的皮子，称为二毛皮。二毛皮一般毛股长7~8厘米，有"九道弯"之誉。毛股弧度均匀，毛色洁白，花穗美观。毛股长而坚挺顺柔，能够纵横倒置，但见毛穗自然下垂，宛如银丝叠撞，冰锥倾倒，又如玉簪纷落，梨花纷飞。滩羊二毛皮板薄如纸，质地柔韧，轻薄保暖，历史上素以"轻裘"著称。

二毛皮按季节分为四种，分别称作春皮、夏皮、茶皮、冬皮。农历正、二、三月所产，叫春皮；四、五、六月所产，叫夏皮；七、八、九月所产，叫茶皮；十、十一、十二月所产，叫冬皮。其中以冬皮为最佳，春皮次之，茶皮尤次之，夏皮为最下等。

滩羊二毛皮按照品种、颜色又有白皮、黑皮之分，白皮为滩羊所产，最为常见；黑皮为黑山羊所产，产量稀少。此外还有一种山羊胎皮，俗称"羔角"，十分少见，其值三倍于羔皮。

盐池当地还将二毛皮分为里手皮、外手皮、西山皮和沙地皮。"手"是以二毛长短来划分的（二毛长超过成人四指并拢宽度叫外手皮，不过四指并拢宽度叫里手皮），一般来说，里手皮比外手皮毛性好，西山皮比沙地皮毛性好。按皮毛花式分为串字花、软大花、绿豆丝等，皆为上品。

四

陕甘宁边区时期，盐池滩羊皮、二毛皮曾为边区经济做出过重要贡献。

1942年2月，在陕甘宁边区政府及盐池县委、县民主政府大力支持下，盐池进步商人靳体元、杨华亭等人创办的"元华毛纺织工厂"正式成立。1942—1945年，元华毛纺织工厂为边区机关干部和前线战士制作衣胎、被胎、绒帽、毛毡、军用毛毯等共计12万多件（每件5条），此外还生产了大量二毛皮衣、老羊皮袄、皮褡等，有力地支援了边区抗战和根据地人民群众生活需要。

中华人民共和国成立后，为传统手工业发展开辟了广阔天地。截至1954年，全县共有手工业从业者232户304人，其中皮毛生产从业者25户30人。1955年，盐池县在对手工业进行社会主义改造时，成立白皮合作小组，后改为白皮加工厂。1962年白皮加工厂由集体企业转入国营。此后，先后合并、改造、更名为盐池县地方国营毛麻厂、盐池县白皮生产合作社、盐池县地毯厂，1980年更名为盐池县皮毛厂，共有职工120人，固定资产68.63万元，年产各种皮毛制品2万余件。盐池县皮毛厂在20世纪70年代以前一直采用传统手工生产的方式，1979年后，先后购置了取肉机、铲皮机、捞皮机、梳毛机、伸展机、合缝机等设备 21 台，实现了半机械化生产，出口量不断增加，仅 1979 年就生产出口二毛皮褥子 8000 余条，成为宁夏主要出口创汇产品之一。1990 年，盐池县皮毛厂参与企业改制后，进入市场经济发展新阶段。目前，美雅裘皮厂仍然保留着传统的滩羊皮鞣制工艺技术。

五

　　传统加工制作二毛皮工艺相对复杂：一件二毛皮货由选板到缝制成品，大约要经过选皮、晾板、打灰、清板、熟制、洗板、大裁、成样、细缝、成品等数十道工序，每道程序皆经手工完成。

　　二毛皮的熟制过程，十分繁杂琐碎，要先将活板经过拉板、拷板、晾板等程序，使活板变成干板，再将干板上的余肉清除干净，才可以熟制。熟制分为大熟和小熟两种，用缸熟为大熟，用火炕熟为小熟。

　　熟制好的裘皮还可以进行熏染，使毛色获得理想色泽。《金瓶梅词话》中的李瓶儿有一件"油般大黑蜂毛儿"皮袄，成为西门庆妻妾争宠的目标，就是用了熏染工艺才达到"油般大黑蜂毛儿"的效果。

　　二毛皮熟制后，先将皮板四周浅窠、四支、颈部下脚料裁去，喷湿板面，再将皮板拉长、拔方、钉展、晒干后，就可以裁剪了。裁成成品大样后，先用大针将成品串起来，然后由皮匠师傅细缝成样，这一件二毛货才算彻底完成。

　　古人还总结出一些裘皮服饰的保养方法，如明人编《便民图纂》载有"收皮衣不蛀"之法："用芜花末掺之则不蛀，或以艾卷置瓮内，泥封瓮口亦可"。清人《古今秘苑》则记载了"洗皮袄方"："用好烧酒喷羊毛上，掺粞粉连皮搓，黄色者俱白，搓至如新为度，一说用小米粉。"简直就是古代的干洗法了。

盐池羊业早年发展历程

20 世纪 50 年代的盐池草原牧场

"牲畜之家"：盐池县城郊公社沟治大队乐郭庄生产队放牧员孙仙女是出色的接羔员。1962 年石观达 / 摄

74 岁的石起旺（右）和 70 岁的石起福，他们都是城郊公社李家沟沿大队的接羔员。1959 年 3 月买世杰 / 摄

盐池县毛麻加工厂厂长张守珍（中）和白皮车间的老工人检查二毛皮的质量。1962 年 4 月朱康洛 / 摄

❖ 盐池县侯家河公社古峰庄大队常山子生产队老羊把式和他的羊捎子李清林。1962年10月章虎臣／摄

❖ 盐池县侯家河公社古峰庄大队古峰庄生产队羊只早晨出圈时，羊把式在进行数点，以及防止被挤而掉羔。1962年10月章虎臣／摄

❖ 盐池滩羊选育场的技术员和牧工在给选育的滩羊作鉴定。1965年10月买世杰／摄

❖ 1974年后洼公社的社员在剪羊毛

1974 年，后洼公社的社员在剪羊毛

1980 年 7 月，盐池县地毯加工车间，加工
出口地毯

1980 年 7 月，盐池县皮毛厂加工车间在选
羊毛

1983 年 3 月，盐池县皮毛厂加工车间一角

周永红

周永红：滩羊皮鞣制工艺区级非遗传承人。盐池县王乐井乡石山子村人，1982年在盐池县皮毛厂参加工作，1990年8月皮毛厂改制解散后，周永红办起了皮毛小作坊。

经过十多年不懈努力和坚守，公司不断发展壮大，周永红也获得了众多荣誉：2009年被评为"宁夏巾帼创业之星"，2010年被评为吴忠市"十大杰出女性"；2011年美雅滩羊裘皮公司生产的二毛裘皮床罩、围巾在第四届中国（宁夏）回商大会妇女手工作品展中分别获得三等奖和优秀奖，2013年美雅滩羊裘皮公司被自治区农业产业化协调领导小组和自治区党委、政府分别评为自治区农业产业化优秀龙头企业和自治区优秀企业；2014年美雅滩羊裘皮公司创立的"花马池"二毛裘皮商标被评为宁夏著名商标，美雅滩羊裘皮公司被自治区政府评为全区农业产业化重点龙头企业，被自治区行业部门评为"专精特新"中小企业称号等，"花马池"牌滩羊二毛裘皮围巾被评为2014年中国农产品加工业投资贸易洽谈会金质产品奖。

冯少华

冯少华：滩羊皮鞣制工艺市级非遗传承人。1985年出生，初中跟随父亲学习二毛皮手工制作技艺，大学毕业后任职于盐池美雅滩羊裘皮公司，参与二毛皮相关实用专利研发以及产品外观设计。

地毯织造技艺

■ **入选名录：** 第五批国家级项目名录

一

　　康熙三十六年（1697年），厄鲁特蒙古四部之一的和硕特部东迁归顺清政府。清政府将贺兰山以西的阿拉善草原划为其驻牧之地，立为阿拉善厄鲁特旗。同年，康熙帝亲征噶尔丹路过宁夏时，对当地柔顺细软的地毯赞不绝口。于是将当地一些手艺好的织毯匠带回京师，在内务府造办处皮作内设立了"毡毯作坊"。雍正八年（1730年），清政府在阿拉善设立定远。藏传佛教传入阿拉善。在接下来的上百年中，阿拉善大大小小的寺庙营建工程几未间断，大批手工业者纷至沓来，建立各种手工作坊，其中以地毯作坊为数最多。

　　阿拉善向东40公里的宁夏府（即今银川市）为河西走廊通往中原交通要冲，清中期以后，一度成为羊毛和地毯集散中心。以宁夏滩羊毛织成、"格律体"为独特风格的宁夏毯被誉为地毯中的"官窑"，位居中国四大名毯之首。

　　康熙年间，维吾尔族织毯匠人穆罕引底尼·马托来到宁夏府，立架授徒，技艺传至彼处。同治七年（1868

🔹 盐池非遗地毯传承馆

🔹 地毯传承馆内部

年），青海织毯艺人金海师徒二人来到中卫市，在县城南门设立织毯作坊，年产马褥子、炕毯30余条。清末，宁夏府城较大的私人织毯作坊有"福盛刘""兴盛肖""天荣龚"等。民国五年（1916年），宁夏省城共有织毯作坊13家，到民国二十年（1931年），宁夏省城共有织毯作坊34处；宁夏各县也有小规模的织毯作坊，主要以编织粗毯为主。民国二十四年（1935年），国民党宁夏省主席马鸿逵在银川市玉皇阁建立"宁夏毛织厂"，时有工人300余人；同年中卫市建起织毯作坊4家，年产地毯300余条。

中华人民共和国成立后，宁夏地毯手工业逐步恢复发展。1956年银川地毯匠人杨万福带头成立了宁夏第一个地毯生产合作小组，1957年发展为40余人的地毯生产合作社；1958年盐池县以元华工厂老工人为技术骨干，组建成立了盐池县地毯厂；1958年中卫市城关福利厂设立了亚麻地毯车间，1972年中卫市地毯厂成立；1973年平罗县皮毛制品厂设立了地毯车间；1974年同心县地毯厂成立；1980年吴忠巴浪湖农场地毯厂成立。至此，全区共有银川、吴忠、中卫、盐池、固原、同心、隆德、平罗、海原、巴浪湖等市县地毯厂12家，年产仿古地毯1.67万平方米；1994年全区地毯年产量达到20.23万平方米。

二

1944年7月4日，毛泽东在杨家岭大礼堂接见边区合作社特等英雄时，向靳体元询问了元华工厂生产建设情况，并称赞说：元华工厂办得好！

1944年7月7日通过的《陕甘

◆ 1980年7月，盐池县地毯加工车间，加工出口地毯

◆ 靳体元

宁边区合作社联席会议决议》中，有如下记载："两年当中，边区又出现了许多好的合作社……盐池靳体元合作社等都办得好。""我们合作社又是各阶层的经济合作，凡边区公民，不论是谁都可以加入。盐池商人靳体元等或出力或出资，创办合作社……都是我们喜欢的。"这里提到的靳体元合作社，是指时任盐池县商会会长靳体元倡议创办的元华工厂。

靳体元，原籍山西省灵石县人，1934年辗转到盐池县城花马池经商。1936年盐池县解放后，他积极拥护边区政府各项经济政策，并协助政府发展贸易事业，受到盐池民主政府的赞赏，当选为盐池商会会长。1941年，靳体元被选举为盐池县参议会副议长，边区参议员。1942年，在边区政府和社会各界支持下创办了元华工厂。

元华工厂自1942年2月创办，到1947年盐池失陷时停办，先后为

陕甘宁边区机关干部和前线战士制作军用毯、地毯、毛毡、马鞯、绒片、衣胎、被胎、鞋帽等共计12万余件（每件5条），有力支援了抗战和边区经济建设。

1949年8月至1950年上半年，盐池县有关部门开始组织清理元华工厂残存资产，追回盐池失陷时被国民党旧政府人员侵吞的财产共计7000万元。

中华人民共和国刚刚成立时，百废待兴。元华工厂短期内不能得到重建，原厂部分技术工人于是重操旧业，个体开办毛纺织作坊，服务人民群众。1955年全县进行手工业社会主义改造时，仍未能恢复地毯生产。1958年，县政府以元华工厂老工人为技术骨干，组建了盐池县地毯厂，时有工人12名，年产2×4尺马褥子360块。1959年3月地毯厂并入国营毛麻加工厂，设为地毯组；1962年转设为地毯社，同年并入皮毛生产合作社地毯车间；

工人平毯后用剪刀把毯面各色花纹沿边细细沟槽，使花纹轮廓更加清晰立体

摄影 / 冯大伟

◆ 将地毯放入洗毯池，通过浸泡、刮、刷、等流程，除去油脂、尘土和污垢，使地毯更加整洁

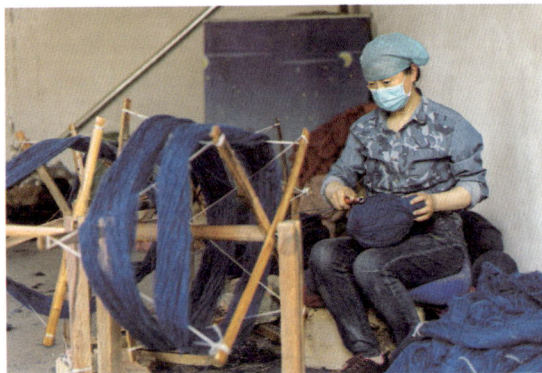

◆ 在编织作业开始前，工人要倒线，为后续作业提供充足的材料

1965年地毯车间撤销；1972年初，在毛麻生产合作社内重建地毯车间；1974年3月毛麻生产合作社改为毛织厂。到1976年，毛织厂职工增加到90名，年产地毯1438平方米，毛毡6623条，总产值达到33.1万元。1980年后企业推行生产经营责任制，生产规模进一步扩大，年产值达80万元。1986年7月毛织厂分设为地毯厂、白皮厂。20世纪90年代中期，地毯厂工人达400人，年产地毯10万平方英尺，年创汇200万美元。1990年盐池县地毯厂改制为宁夏盐池地毯总厂，1998年宁夏盐池地毯总厂改制为宁夏盐池地毯集团总公司。

20世纪80年代到2000年前，盐池县手工仿古地毯享有盛誉。1984年盐池县毛织厂新上纯毛提花地毯生产线，次年8月和兰州第二毛纺厂联营生产"白滩羊"牌6501纯羊毛地毯，年产量达到2.5万条，热销华北、东北等十八个省、自治区、直辖市。1987年被评为宁夏优质产品奖；1988年获自治区轻纺厅、外贸厅产品质量第一名；1990年，盐池"驼铃"牌手工地毯荣获全国首届轻工博览会铜奖；1997年该厂被评为全国民族用品定点生产企业；1999年，盐池手工地毯被评为庆祝中华人民共和国五十周年全国少数民族产品质量金奖。产品远销日本、美国、意大利等国家和地区，成为宁夏主要出口创汇产品。截至2000年，公司累计生产地毯50多万平方米，出口创汇300多万美元。

三

李雨峡，盐池县花马池镇人。1979年进入盐池县毛织厂地毯车间学习地毯纺织，其间于元华工厂织毯老师傅处多有受益，织毯技艺不断提升，1981年任地毯车间技术员；1987年到北京第二轻工业学院进修经济管理专业；1989年毕业后回厂任车间主任；1992年提拔为宁夏盐池地毯总厂副厂长，1998年后任宁夏盐池地毯总厂厂长、地毯集团总公司董事长。2000年12月企业改制后于2001年创办宁夏盐池恒纳地毯有限公司，任董事长。先后当选自治区第九次党代会代表、自治区政协第十届委员会委员，吴忠市第一次党代会代表、政协吴忠市第一届委员会委员，盐池县十三届、

十四届人大代表，政协盐池县第六届委员会委员；先后获得全国五一劳动奖章、自治区"巾帼建功"先进个人、2008年北京奥运会火炬手等荣誉。

2006年"恒纳地毯"通过ISO 9001：2000质量管理体系认证，2008年获宁夏首届文化旅游产品展示会民族用品金奖，通过ISO 14000管理体系认证；2010年盐池"恒纳地毯"被评为宁夏名牌产品，2012年被评为宁夏著名商标。公司连续数年被国家民委等五部委联合确定为国家少数民族用品定点生产企业；2011年公司被确定为自治区文化产业示范园区、自治区农业产业化龙头企业。

2012年，刘铠源从母亲手中接任公司董事长后，十年间企业得到进一步发展。公司主要产品有"恒纳"牌仿古地毯、美术地毯、壁毯、挂毯、沙发坐垫、汽车坐垫等。

2012年，恒纳地毯公司被评为全国民族商品特需生产企业，2013年被评为宁夏最具公信力企业；2016年2月被宁夏青少年发展基金会和宁夏希望工程办公室评为"2015年宁夏希望工程优秀合作伙伴"、被自治区扶贫开发领导小组办公室确定为自治区产业化扶贫龙头企业，2017年1月被自治区人民政府确定为"第八批农业产业化重点龙头企业"；6月被自治区扶贫开发领导

上图：传统地毯染色一般用植物和矿物染料铁锅煮染。颜色深浅取决于水和染料比例、水温高低和煮染时间长短

下图：工人在织毯，主要织毯工具为铁耙、砍刀、剪刀等

小组办公室确定为"自治区产业化扶贫龙头企业";2018年被评为吴忠市"巾帼巧手"致富示范基地;2019年12月被中国民主建国会中央委员会评为"民建脱贫攻坚先进个人"。2015年,恒纳地毯荣获第二届中国民族工艺美术珍品展"神工·百花奖"金奖。

目前,盐池县地毯企业和民间手工作坊生产的纯羊毛手工地毯成为热销产品,主要有仿古地毯、美术地毯、壁毯、挂毯、沙发坐垫、汽车坐垫等十多个品种数十种规格。

四

中国传统栽绒毯,大致要经过选毛、净毛、熟毛、纺纱、染色、制图、点样、织毯、平毯、掏沟、拴穗等多道程序。

【选毛】羊毛是织造栽绒地毯的主要原料。传统古毯的生产地多半也是羊毛生产地。羊毛一般分春毛和秋毛,春毛纤维细长卷曲,适宜纺织;秋毛纤维粗壮、弹性大、拉力强、光泽好。因此,织毯多以春毛、秋毛搭配使用为最佳。按常规,秋毛比例要高于60%。

【净毛】剪下来后未经加工的羊毛称为"生毛"。生毛经过水洗后称为"净毛"。洗毛水质要好,

酸碱适中。先用清水粗洗,再用40℃碱水净洗,最后用30℃清水洗去碱性。传统洗毛时要用木条反复砸压、不断用水冲洗,使毛质洁净而有光泽,洗净晾干后成为净毛。

【熟毛】"净毛"经过梳理、弹弓弹后成为"熟毛"。

【纺纱】熟毛经过纺车纺成素纱;素纱经过染色变成各种颜色的彩纱。

【染色】传统地毯染色一般用植物和矿物染料铁锅煮染。颜色深浅取决于水和染料比例、水温高低和煮染时间长短。织毯用纱多合为三、四、六股不等,合股后的彩纱缠成球状,以备织毯时用。

【经纬线】栽绒地毯中的栽绒靠经线、纬线固定在一起,所以经纬线的选择十分重要。中国早期不产棉花,故织毯的经纬线多用麻、毛。南宋棉花由印度传入中国后,织经纬线开始麻、棉、毛合用。明末后,中原和西北地区织毯基本全用棉经、棉纬。西藏地区在中华人民共和国成立前一直用毛经、毛纬。

【制图点样】古代织毯时,一般没有预设图样,仅凭生活所见花草、事物图纹记忆模仿,就能织出美丽的地毯,或按当地约定俗成图案织成。元代后开始由"如意馆"类官办作坊专门从事地毯图案设计

绘制，成规、品种渐多。清末民国后，织毯先要绘制彩色点样大稿，依稿织成。点样即为图稿确定颜色。

【织毯】传统手工栽绒毯多采用拉杆结扣法，即"8"字结扣法织成。主要织毯工具为木耙（或铁耙）、砍刀、剪刀等。织毯时，先用毛纱在经线间拴一个"8"字扣，用砍刀砍断纱线，形成一个绒线头，拴完一排"8"字扣后用纬线将整个一排纱线扣压住，用耙子砸紧，再过第二道纬，剪去纱线扣多余的荒头。绒线的长度决定了地毯的厚度。这一套动作反复操作，一块地毯方可织成。"砍"是织毯的主要动作，因此织毯也被称为"砍毯子"。

【平毯】一块地毯初步织成后，要用大剪剪平毯面，这个过程叫作平毯。平毯技术难度较大，需由老师傅亲自操作。

【掏沟】平毯后要用小剪把毯面各色花纹沿边细细沟槽，使花纹轮廓更加清晰整洁，这个过程叫"掏沟"。

【拴穗】有些地毯在平毯、掏沟后，还要在毯的两端拴穗，以图美观。经过以上全部过程，一块精美的地毯就算全部完成了。

盐/池/非/遗/人/物

冯玉苍

冯玉苍：手工地毡市级非遗传承人。1968 年生，1984 年进入盐池县毛织厂地毯车间学习地毯编织；1986 年进入平毯车间工作；1993 年进入染线车间工作；1997 年担任染线车间主任；1999 年担任生产技术科科长；2006 年至今担任恒纳地毯有限公司生产、销售部总经理。

盐/池/非/遗/人/物

李 欣

李欣：手工地毡县级非遗传承人。1983 年生，盐池县人，国家二级工艺美术师。主要设计方向为仿古纯羊毛手工打结编织地毯，在保留宁夏毯原有"格律体"风格基础上，创新"青花瓷""社火""图腾"等系列，色彩亮丽，风格新颖。2010 年"青花瓷"100 道纯羊毛手工仿古地毯获中国工艺美术"天工杯·百花奖"银奖。2012 年"面面之间"纯羊毛手工壁毯获中国工艺美术国家级培训薪火杯优秀学员最佳作品奖。

牛爱民

牛爱民：手工地毯县级非遗传承人。1964年生，盐池县人。她从1981年开始在盐池恒纳地毯公司学习手工地毯制作，1989—1992年在杭州工艺学校进修手工地毯，1992年进修结束后担任盐池恒纳地毯公司成品半成品检验员兼车间主任。

刘铠源

刘铠源：手工地毯县级非遗传承人。1983年生，盐池县人，宁夏盐池恒纳地毯有限公司董事长、总经理，宁夏盐池元华纺织厂工业有限公司董事长。民建盐池县委委员、吴忠市青联常委、盐池县政协第十一届委员会常委、盐池县工商联副主席、吴忠市企业家联合会副会长等。

盐池滩羊肉制作技艺

■ **入选名录**：第七批宁夏吴忠市级项目名录

盐池县地处陕甘宁内蒙古四省区交界地区，农耕文化、游牧文化、民族风情交汇融合，形成独具特色的习俗和饮食文化。大块羊肉"打平伙""面蒸羔羊"敬高堂、养生美味"臊子汤"，迎宾尊客"烤全羊"，一道道"羊菜"，一种种风情，无不体现了盐池人民仁义豪爽的淳朴。

而有关吃羊肉，也有一些讲究和文化习俗在里面。

传说正月初四是女娲造羊的日子，故称"羊日"。是日不能杀牲，如果天气好，则意味着当年养羊收成好。羊日是汉族民间迎灶神的日子，老皇历中占羊，故说"三羊（阳）开泰"是吉祥的象征。

《礼记·月令》载："仲春之月，食麦与羊。"医食同源是中国饮食文化的一个重要传统，中华先民在用羊来满足口腹之欲的同时，也不断发掘羊肉的药用功效。张仲景《伤寒杂病论》中有当归生姜羊肉汤主治血虚寒疝等疾的记载；李时珍《本草纲目》称："羊肉甘热无毒，食之肥软益人，治疗筋骨急强，虚劳益气。"

盐池滩羊久负盛名，养成独特"品质"，是因为其具备了品种、气候、饲草、水质、饲养、产量"六大"难得生长条件。

滩羊主要分布在贺兰山以东到陕西省定边县境中南部、南到盐池县麻黄山地区（止于甘肃环县）、北到明长城沿线（止于内蒙古鄂托克前旗）东西约300公里、南北约200公里的区域。这一区域气候干燥凉爽，四季分明，适宜滩羊生存。当地草原生长着甘草、苦豆子等175种优质牧草和115种中药材，多为上好饲草。当地水资源匮乏，饲养羊只多饮用河道苦碱水、苦井水。由于自然条件多变、草原承载力不足、滩羊自身繁殖能力较弱等因素，养羊需要精细化饲养（放牧加人

◆ 手抓羊肉
摄影 / 冯大伟

工饲养），所以滩羊总体产量较低。

按照现代科学检测分析，盐池滩羊肉甲基壬酸、甲基辛酸、胆固醇等含量低，使得肉质细嫩、少膻味，并且含有 8 种人体不能合成的必需氨基酸。滩羊肉中的鲜味物质——中链脂肪酸和风味氨基酸比其他羊肉高 35%~80%，特别是微量元素硒的含量达到 0.1614 毫克 / 公斤，亚油酸含量达 1.12 克 / 公斤，营养成分明显优于其他肉类食品。皮、毛、肉、血、奶、心、肝、肺、髓等产品，其医疗保健作用在《本草纲目》等古代医学典籍中多有记载。

当地农家做大块羊肉，方法大体相同：将带骨羊肉剁成拳头大小，入锅、加凉水，大火煮沸后，撇去浮沫杂质，加盐巴（当地青盐最好）、葱白、生姜、萝卜片，继续大火煮半小时后，再以文火慢炖约一小时。

羊羔肉摊馍，盐池当地戏称"狗拉羊皮"，是农家最为普通的日常美食。做法是先将荞麦臻子面和成较硬面团，徐徐加入冷水，用手反复揉搓成面糊；铁锅烧至八成热，锅底抹上一层香油，用勺子把面糊沿锅四周倒下，均匀摊在锅底，一两分钟烙熟后，轻轻铲起，一大张薄如纸的滩馍便做成了；将馍撕成片，放入提前做好的羊羔汤里，一翻一拉，送入口中，美不胜收。当地流传一句俗语："想起羊肉摊馍馍，翻来覆去睡不着。"

碗蒸羊羔肉为当地特色，做法：选上好羊羔肉，剁成小块，加入盐、姜末、葱花、花椒粉、味精、酱油、香油和适量面粉，拌匀入味后，分别盛在几只小碗里；然后盖上发好的生面饼，上笼蒸约一个半小时；上桌后一人一碗，肉饼同食，最是美味可口。

"打平伙"是在旧社会形成的一种吃羊肉习俗。当时物质贫乏，不是所有季节或所有农家都能随时吃得上羊肉。遇端午、中秋或值得庆贺之事，邻近几户人家合起来宰一只羊，然后一家指定一块，用不同颜色布条、绳结拴到自家选定的肉块上（不同部位所出份子钱也不同），下锅煮熟后，各取自家选定羊肉，各吃各的，或带回去与家人分享。这种大伙儿一起分吃羊肉的形式就

⬧ 上：滩羊羔肉摊馍　摄影 / 何武东
　下：碗蒸滩羊羔肉　摄影 / 鲁贤斌

叫"打平伙"。"打平伙"虽产生于物质贫乏时代，但炖出的羊肉却是货真价实的美味，比大块羊肉更加透着些直面困境的豪气和敞亮。

除以上滩羊肉"硬菜"外，手抓羊肉、清炖羊肉、羊肉饺子、羊肉臊子面、肉丸子、红烧羊蹄、红烧羊头、羊奶皮、羊肝凉皮等各色滩羊肉美食，都值得一尝。

◆ 爆炒羊肉、炒羊肝、红烧羊蹄等各色滩羊肉美食
摄影 / 冯大伟

陈生巧

陈生巧：滩羊肉制作技艺县级非遗传承人。1962 年生，盐池县人，吴记大块羊肉馆店主。

惠安堡羊羔肉制作技艺

■ **入选名录：** 第六批宁夏回族自治区级项目名录

建于明代的惠安堡古城，其历史地位不在花马池城之下，是古代环（县）灵（州）道上一个重要驿站。惠安堡古城于明嘉靖六年（1527）由宁夏巡抚、都御史翟鹏奏筑。

嘉靖后，由于盐业兴盛，惠安堡一度成为环灵道上商贸重镇，车马驼队往来不绝，餐饮业随之繁荣起来。清中期，惠安堡城即开设有酒楼，这在当时已为稀事。古城内出土清代《口韩氏祖孙济美记》载："丁未仲夏，余偕二三同袍，"丁"子斗柄、曾子畹、杨子先甲、许子震元、强子振猷，公车西旋，道经惠安，社友高子攀龙者，邀饮于惠之北门鸿泰楼……"

清末至民国年间，先后有山西大槐村、河南焦作，甘肃临夏、平凉，宁夏泾原、金积堡、灵州、韦州等地回族群众移居惠安堡，促进当地餐饮文化融合发展。

此后惠安堡渐渐成为回汉群众杂居的地方，百姓日常饮食以牛、羊、鸡肉为主。其中又以羊羔肉最具特色。

羊羔肉有清炖、爆炒、面蒸、碗蒸、臊子等不同做法，此外还有焖羊肚、红烧羊蹄、红烧羊羔头、烤全羊等特色做法。

这里重点介绍两种最常见做法，即清炖、爆炒羊羔肉。

做清炖羊羔肉时，先将羊羔肉剁成小方块，放入锅中，冷水漫过肉面一指，然后煮沸；三沸后，打去浮沫杂质，加入适量食盐、葱段、萝卜，文火

爆炒羊羔肉

摄影 / 冯大伟

慢炖，用筷子轻轻一夹骨肉即刻分离正好。撒入葱花、香菜、少量盐，即可连汤带肉上桌食用。做羊羔肉时，无须放入过多调味料，才能尝出肉质本身的香味。

做爆炒羊羔肉时，先将羊羔肉剁成小块，锅中加入香油、猛火烧红，即刻将肉块放进锅中，边炒边撒花椒粉、辣椒面、食盐、酱油、香醋等调味品，几次翻炒后，加入少量清水，文火焖锅半小时，汤汁收至浓稠，撒入葱花、香菜、少量盐末，出锅。

[盐/池/非/遗/人/物]
宋德君

宋德君：惠安堡羊羔肉制作技艺区级非遗传承人。1970年生，盐池县惠安堡镇人。1985年跟随母亲学习爆炒羊羔肉、碗蒸羊羔肉、清炖羊肉、黄焖羊羔肉烹饪方法，并不断改进羊羔肉制作技艺。2002年6月开始在盐池县城开办"惠安堡羊羔肉"饭馆，主打菜品"惠安堡羊羔肉"赢得顾客广泛赞誉。2019年盐池惠安堡羊羔肉店荣获"吴忠十大小吃名店"及"吴忠老字号"称号，被《世界地理》杂志刊登报道；2024年该店荣获"中华老字号"称号。

盐池羊奶传统制作技艺

■ **入选名录：** 第四批宁夏盐池县级增补项目名录

制作羊奶皮 摄影／李忠

《本草纲目》载："羊奶甘温无毒、补寒冷虚乏、润心肺、治消渴、疗虚痨、益精气、补肺肾气和小肠气。"

盐池地方自秦汉时期就开始养羊，清代以来为滩羊主产区，食用羊奶久成习俗。

羊奶为新鲜乳液，不宜久置，更不宜过度加工。因此，盐池当地常见吃法主要有羊奶米汤（稀饭）、羊奶干饭（米饭）和奶皮。

奶皮的大致做法是：将鲜羊奶倒入锅中，煮沸，然后微火慢煮，在此过程中不断用勺子搅动锅底、扬起奶液产生鱼眼状泡沫；需时时注意火候，火小则奶皮不易成型，火候大则奶皮焦煳。可随时加入少许生奶调整火候，随时将锅边黏稠奶液铲下搅入锅中，也可加少许白糖，增加奶皮甜味。由于水和脂肪、油质比重不同，水质下沉，油质上浮。直到奶液上面浮出一层厚厚奶油后，熄火。大约四五小时后，上层奶油凝结成筷子厚油皮，用筷子或干净木棍挑起、铺平，置于阴凉处晾干，俗称"奶皮"或"奶皮子"。通常每7斤鲜奶能产一斤奶皮，为上乘。过去农家做奶皮多选择晚饭后，奶皮做成后先不出锅，直到第二天早晨时才挑出，最为地道。

挑起奶皮后，锅中剩下奶子，可以做羊奶米汤，或直接饮用。锅底残留部分叫锅巴，吃起来别具风味，是最难忘怀的童年记忆。

盐池手工凉皮制作技艺（羊肝凉皮）

■ **入选名录：** 第六批宁夏回族自治区级扩展项目名录

凉皮是中国传统特色小吃，距今已有上千年历史，主要以面粉加工，附以调料汁、配料食用。西北地区面食品种繁多，花样无穷，各地都根据自己的特产发挥特长，在凉皮这种老少咸宜的面食小吃上，自然也不甘落后。盐池县凉皮从陕北一路传来，在不断的改良和尝试中，完成了转型，加之"中国滩羊之乡"的绝佳条件，羊肝作为非常美味的主料"粉墨登场"，演绎出味道独特且极富特色的羊肝凉皮。

说起凉皮的起源，最初或许与"御面"有关。陕西渭北地区彬县、旬邑等风味特色御面，相传为当年周太王古公亶父居豳时夫人姜女所发明，姜女贤惠善烹调。后来古公亶父由豳迁岐，途经乾县梁山，姜女也将御面制作技艺带到了乾县、岐山一带，只不过那里的小麦面粉做成了流传至今的"面皮"。过了一百多年，古公亶父的重孙周武王灭商建周，亲自来祖地豳国朝拜，专要曾祖母发明、曾祖父命名的淤面吃。由此淤面又称为"御面"。关于御面的记载，近似于中国凉皮最早的历史。北魏时期农学家贾思勰所著的综合性农书《齐民要术》中，也有着类似凉皮工艺的记载。悠久的历史与民间智慧，让凉皮以不同的方式融入中国人的日常生活。

地域性和差异化造就了美食的独特灵魂，羊肝凉皮的诞生也不例外。羊肝凉皮虽然是一味小吃，但是制作流程却并不简单：主料为高筋面粉、羊肝，调料有食盐、醋、辣油、辣椒酱、香油、芝麻酱、调味酱油、糖、蒜泥、花生米、香菜、小葱、胡萝卜丝、黄瓜丝、绿豆芽等，需要十几种调料的参与，经历数道繁复的工序，配料搭配比例成为各家秘法，皆不相同。这也反映了盐池人民的聪明才智和对美食文化的极致追求。

盐池的羊肝凉皮是本地面食中的代表。羊肝凉皮薄而透亮，色泽诱人，口感筋道，柔韧润滑，配上精心制作的豌豆大小的过油香酥羊肝，羊肝汁渗入凉皮，不腥不腻，清凉可口，味道独树一帜。盐池的羊肝凉皮独特之处有三：第一，纯手工制作；第二，没有膻味的羊肝；

羊肝凉皮
摄影 / 鲁贤斌

第三，独特的凉皮汁。

羊肝凉皮已成为盐池地区的饮食传统，目前盐池地区最有代表性的有胖子凉皮，杨玉兰凉皮等。

[高万平]

高万平：手工酿皮制作技艺区级非遗传承人。1977 年生，盐池县人。20 世纪 90 年代末，高万平接手家中凉皮生意。从此潜心钻研、勤于琢磨，逐渐形成多达十六道工序的独特羊肝凉皮制作技艺，并成立了高万平胖子餐饮管理有限公司。"胖子凉皮"如今成为当地及周边地区家喻户晓的知名品牌。

[杨玉兰]

杨玉兰：手工酿皮制作技艺县级非遗传承人。1960 年生，盐池县人。1987 年开始做酿皮生意，2003 年开设杨玉兰酿皮店至今，先后带出 17 名学徒，分布宁夏、内蒙古、河北等地。

盐池枸杞羊肝辣酱

■ **入选名录：** 第四批宁夏盐池县级项目名录

　　枸杞为宁夏五宝之一。曾为朝廷贡品，在全国享有盛誉。宁夏地方志史料载："各省入药甘草枸杞皆宁产也。"

　　盐池当地也产枸杞，品亦佳。民国陈步瀛《盐池县志》载："（枸杞）刺如枸之刺，茎如杞之条，故名。籽色红润，根名地骨皮。"此外，当地产有野生枸杞，可入药。

　　羊肝味微苦、性凉，食之益血、明目。

　　羊肝酱原是当地荞麦面食小吃碗砣的基础配料。碗砣兴起于 20 世纪八九十年代。经过近 30 年演变，不断调整其食材配料搭配，成为新的地方特色美食。而其中的枸杞羊肝辣酱，以当地滩羊肝、宁夏枸杞为调配主料，单独形成调配美味食材。

枸杞羊肝辣酱其制作流程分为挑选食材、清洗食材、煮制、凉制、炒制五个主要环节。首先选取优质的羊肝与枸杞，肝色要红润平整，没有肝斑；枸杞要选暗红色且颜色分布均匀的，不能选鲜红色的，上边不能有黑头。第二个步骤就是清洗食材，羊肝大致要进行四次清洗，第一次切块初步清洗血水；第二次浸泡3小时后清洗；之后再浸泡1小时进行清洗；最后用清洁的过滤水再清洗一次。清洗过后将羊肝下锅煮制，待半成熟时加入葱、姜等调料，煮至七成熟时加盐、香辛料等，至九成熟出锅。出锅后将羊肝放凉，切条。最后把羊肝下油锅炒制变色，再加入枸杞和辣椒、香辛料等，注意油不要用荤油。在出锅前再次加入五仁、枸杞等丰富口感。

枸杞羊肝辣酱荣获2019年第二十二届中国农产品加工业投资洽谈会优质产品奖、2021年宁夏黄河流域非遗美食大赛"最具特色美食奖"。

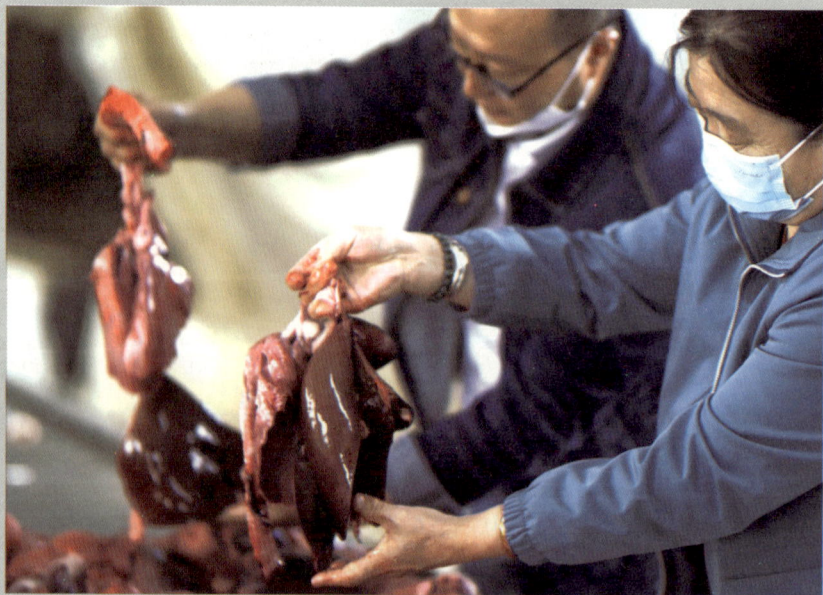

◆ 2023年5月，朱晓兵和师傅杨玉兰精选羊肝　摄影／李大鹏

盐池猪肉干饭

■ **入选名录：** 第三批宁夏盐池县级项目名录

猪肉干饭，又称作"杀猪菜"，与东北的"杀猪菜"同根而生。

盐池方言把黄米饭、二米饭、大米饭统称"干饭"。猪肉干饭重点在吃干饭时的猪肉配菜，而不在干饭本身。

猪肉干饭是当地农家杀猪菜的日常做法。

农家杀猪菜不仅体现了腊月杀猪的仪式感，更是一种民俗。

每年腊八后，是盐池农家杀猪季。腊八一过，家家户户排着队等杀猪，村中杀猪的大拿开始忙碌了起来，要提前预约；还要请好四五个杀猪帮忙的近邻；只有条件较好的农家才有大的杀猪锅，一般村子总共也就两三口，也要提前预约；如果借不到杀猪锅，用大缸也行，只是会比较麻烦。这些前期工作准备就绪后，就等到日子杀猪了。

到了这日，杀猪农户全家人早早起床。男人扫净院子，拉回杀猪大锅支起烧水；女人们开始在厨房准备用具，切菜、备料；孩子们也早早被赶出热被窝，帮着大人跑腿、干活。此时帮忙的陆陆续续到了，帮着一起忙活。

大约上午九点，杀猪的大拿叼着根烟，慢悠悠到了。主家连忙迎上去，让进屋里先坐。外面准备停当了，可以开始了。主家招呼着杀猪的一同出屋，来到院子。这时，猪已被五花大绑地架在一条长凳上。

杀猪的脱下外套扔给一旁的孩子，刹那腰间露出杀猪刀来。众人一起将猪按牢在条凳上，凳下支一大盆，准备接猪血用。杀猪的用扫帚将猪喉咙处扫净，用手比

◈ 猪肉干饭传统烩菜

摄影 / 葛如钢

画一个位置，一刀捅下，猪喉管被精准切断，几声号叫后，声音渐弱。

主妇过来在盛有猪血的盆子中撒入盐巴（延缓凝结），端进厨房。杀猪的则穿上外套，进屋抽烟喝茶去了，剩下的活则由帮忙的和主家一起干了。

几个人抬着猪，浸入铁锅中接近烧开的烫水中来回翻转、淋烫，等全身猪毛能用手轻轻拔掉，说明烫好了。大家麻溜地扯掉猪毛，再用粗石块、剁刀等工具刳磨去猪身上粗黑的表皮，全部露出白肉才算妥当。

将猪身倒挂吊起到竖起的架子或门板上，先去猪头，再取"项圈"（即猪脖肉），立时送进厨房，主妇们等着要做杀猪菜了。

取完项圈后，几个人开始有条不紊地去四蹄、剖腹、挖腰窝油、去五脏、分切等。

做杀猪菜的方法比较简单：

先将项圈剁成块，剔出锁骨（猪脖颈下刀处），将软肉切成片；锅里加入清油烧热，倒入肉片及锁骨翻炒，撒入盐、花椒、酱油、醋等调味料，至半熟时加水，大火炖约半小时，烩入土豆块、粉条和咸菜，继续大火炖至猪肉、土豆烂熟时，文火再炖约半小时后，"杀猪菜"便做成了。

这时，外面的杂活也基本干完了。主家招呼帮忙的人进屋、洗手、落座、上茶。即刻，一大盆热腾腾、香喷喷的杀猪菜端上桌来，大家谦让一番，津津有味地吃了起来，中间主家不断添肉加菜、上干饭，招呼大家吃好。

饭罢，主家要将炖好的锁骨肉加上些烩菜盛满一大碗给杀猪人带上，这是杀猪人今日辛苦应得的独一份，也是当地杀猪惯例。主家还会遣家中孩子给宗亲长辈、邻居老人分别送去一碗杀猪菜，以示尊老敬老。

猪肉干饭与杀猪菜做法大体相同，只是肉片由项圈换成了肋条、后座等其他部位，有时也加入小块排骨；炒肉时加入了豆腐块、黄豆芽、蒜苗等配菜。做猪肉干饭用料更加精细丰富，但当地人吃起来，总觉得没有杀猪菜那般乡味浓郁、回味悠长。

猪肉干饭可以时常吃到，而杀猪菜一年只能吃一次。

盐池灌肠制作技艺

■ **入选名录：** 第八批宁夏吴忠市级项目名录

有关猪灌肠，它在中国饮食文化中历史悠久。

据《满洲祭神祭天典礼、仪注篇》记载，满族在祭祀过程中，"司俎太监等舁（即抬）一猪入门，置炕沿下，首向西……猪去息后，去其皮，按节解开，煮于大锅内……撤下祭肉，不令出户，盛于盘内，于长桌前，按次陈列。皇帝、皇后受胙，或率王公大臣等食肉"。这种肉叫"福肉"即"白肉"。白肉血肠，是从古代祭祀所用祭品演变而来。所谓血肠，即"司俎满洲一人进于高桌前，屈一膝跪，灌血于肠，亦煮锅内"，这就是血肠，通称"白肉血肠"。

清代沈阳和吉林地区开设的白肉馆，都兼营血肠，成为东北三省满族特有的传统名菜。

盐池农家腊月杀猪后，新鲜猪血、猪大肠和荞麦面，也能做成一道特色美食，当地人叫"猪灌肠"或"灌肠"。

做灌肠时，必须是现宰新鲜猪血，凝结成块的猪血不能做灌肠。

农家猪宰杀后，当日就要处理、洗干净猪大肠，用新鲜猪血与荞面和成糊状，加盐和葱花等简单调味品，灌入一头用细线扎紧的大肠中。灌到近一尺长时，留出一两指空隙（后期上笼蒸时防止受热膨胀爆裂），收口、用线扎好，切断，再将余下大肠一头扎紧，从另一头继续灌入面糊。如此重复，直到整个大肠灌完后，上笼蒸熟，灌肠就算做好了。

灌肠煮熟后，趁热切片，可以蘸醋和蒜泥直接吃，也可以用香油炒一下、再用醋烹后撒上盐末、葱花食用。冷却后的灌肠只能炒着吃，风味各有不同。

盐池大缸腌肉

■ **入选名录：** 第四批宁夏盐池县级项目名录

大缸腌肉是西北地区常见的一种美食。与我国其他地方做腌肉一样，都是为了使食品能够保存较长时间。

制作大缸腌肉，通常多在冬季。这与当地传统生活习俗有关。过去老百姓生活艰苦，不是一年四季都有条件宰杀猪吃肉的。辛苦一年，也只有到了腊月，农家猪养壮了，才舍得杀了过年。但又不舍得一下子吃完，要保证春、夏、秋三季都有肉吃，于是只留下少量猪肉和头蹄肠肚用于过年，剩余大部分腌制起来保存，就产生了大缸腌肉。盐池农村传统家养黑毛土猪，因此腌制大缸肉多选黑毛土猪肉。最好是隔年猪，相对肥壮一些。

盐池农村养猪有一定规律和技巧。百姓多在春季抓来猪坯，先以米糠、麸皮、荞麦衣子加嫩猪草（灰条、打碗碗花、苦苦菜等当地野草嫩叶）

等半精饲料喂养，大约半年后猪坯子基本长成型。若打算当年宰杀，就开始加喂麸皮、米糠、杂粮面、土豆泥（土豆煮熟捣成泥）等精细饲料和少量荞麦衣子充肥，到腊月时，基本养壮了，叫当年猪。当年猪一般不足百斤，膘分也只有二指或三指宽。若当年不打算宰杀，进入秋冬季节就只喂荞麦衣子、米糠等粗饲料，继续拉坯，直到来年秋收后，才开始充肥，叫隔年猪。隔年猪可以宰两百斤左右，膘有四指或五指宽。

当年猪瘦肉多，不太适合做腌肉。当地农村一般取隔年猪做大缸腌肉。大缸，其实也不是特别大的缸，一般用60~80公分高的半大收口缸最好，便于密封保存。

腌制过程虽不复杂，却需谨慎，否则肉质会变坏。

先取"正肋子"（猪肋部）

"后座"（猪腱部）猪肉若干（头蹄、肘子、排骨、内脏等部位不可做腌肉），切成 10-15 公分大小的方块，入锅煮至半生（用筷子爽利插入正好、不可过熟）；捞出肉方后，随即在事先洗净晾干的缸底上铺一层、均匀撒上适量盐巴（当地青盐最好），再铺一层肉方、再撒一层盐巴，直到将肉方铺完为止；将宰猪时从内脏等部位扒拉下来的腰窝油入锅炼化，撒入炒至焦香的花椒，油温正热时，沿大缸四周徐徐倒入，漫过肉方二指，沉淀至油面不再下

降时为止。油温下降后，凝结成白色油脂，将大缸移入阴凉处封存，大缸腌肉就算做成了。

这个过程一定要保证相关用具、用料干净，不沾生水；后期每次从缸中捞肉方时，需随时用干净用具将剩余肉方用缸内油脂封好，否则容易变味、坏掉。

次年三四月份开始，就可以打开大缸，从上层逐层挑起腌肉，炒着吃、炖着吃、做臊子均可，肥而不腻，咸香爽口，别具风味，一直能吃到年尾。

盐池粗粮传统制作技艺

■ **入选名录：** 第四批宁夏盐池县级项目名录

五谷杂粮是我国对传统粮食作物的统称。五谷者，稻、黍、稷、麦、豆是也。《黄帝内经》载，"五谷为养、五畜为益、五果为助、五菜为充"，古人认为五谷是养生的根本。

五谷中除了麦被称作细粮外，其余皆为粗粮，也即杂粮，主要包括糜谷和豆两大类，如小米、黄米、荞麦、黑豆、绿豆等皆为杂粮。

盐池县为传统农牧区。《花马池志迹》记载，盐池地区当时种植的农作物主要有：糜子、谷子、荞麦、大麦、小麦、麻子、羊眼豆、绿豆、胡麻等。

盐池地区水资源较为贫乏，全县75%以上的耕地皆为旱耕地。适合种植糜谷、荞麦、豆类（黑豆、绿豆、黄豆）等小杂粮。在20世纪70年代之前，当地百姓以白面（小麦面）为细粮，只有过年过节或老人、孕妇、幼童、病者才偶有资格食用，平时一日三餐（或两餐）以黄米、小米、荞面或杂以豆瓣、豆面为主食。

盐池地区杂粮品种较多，也因此产生许多传统美食，如：米黄儿（类似黄米馒头）、黄米窝窝、肉黏饭、黄米年糕（又细分为笨糕、软糕、糕角等）、饸饹面、剁荞面、滩馍、荞麦凉粉、二米饭（大米加黄米、小米或豆类，黄米加豆类等均可）、麻麸角角、腊八粥等。

盐池县农作物主要有：
糜子、谷子、荞麦、大麦、
小麦、麻子、羊眼豆、
绿豆、胡麻等

盐池荞麦传统制作技艺

■ 入选名录：第四批宁夏盐池县级项目增补名录

荞麦在我国栽培的历史久远。《神农书》《齐民要术》，以及较晚文献如孙思邈《备急千金要方》、北宋《政和政类本草》等古籍文献中皆有记载。一般史料认为，荞麦自唐代开始普遍种植，到了宋代已遍及大江南北许多地方。

明人李时珍《本草纲目》载："荞麦（嘉祐年间见之），也叫荍麦、乌麦、花荞。荞麦之茎弱而翘然，易长易收，磨面如麦，故曰荍曰荍，而与麦同名也，俗亦呼为甜荞，以别苦荞。"

清人张宗法撰《"三农"记》载：荞，叶绿三尖，茎赤梗空，四棱生节，枝生左右，开小红花，四瓣黄蕊，纍萝繁密，结实垂悬。稞三棱，嫩青老黑，亦有苍色者……磨面如麦，故入麦品也。

荞麦为什么是黑褐色，史料中记载了一个传说故事。

传说在很久以前，某一年遇天大旱，连续数月滴雨未下，黎民颗粒无收。眼看到了秋收季节，百姓还在祈雨问耕。负责向下界布雨的龙王实在看不下去了，便跑到玉帝

❀ 荞麦花　摄影／周勇

◆ 已在晾晒的荞麦粒

那里陈说实情。玉帝听说人间遭了这样的旱厄，自觉有些失职，赶紧让龙王安排下场透雨。龙王向玉帝禀报说："现在下雨也无济于事，天气渐凉，已经没什么作物可以开花结籽了。"玉帝垂目思索了一会儿，用手在脖颈上搓了几下，缓缓睁开眼睛对龙王说："这样吧，我这里有些种子拿给下界百姓，种下后到落霜时就有收获了。"边说边把刚刚从脖颈上搓下的汗泥撒向人间，落在下界山坡阳面的，长出来变成了甜荞，落在山坡阴面的，长出来变成了苦荞。因为荞麦为玉帝汗泥所变，所以颜色近黑褐色。

荞麦为盐池传统农作物，甜荞、苦荞为常见种植品种。

荞麦磨粉后称作荞面，可以简单做成荞剁面、饸饹、猫耳朵（俗称"搓耳子"）等日常面食，也可以与羊肉、鸡肉、羊杂、酸菜、黄萝卜等配料碰撞出摊馍（俗称狗拉羊皮）、搅团、窝窝、煎饼、角角（状如大饺子）等让人大快朵颐的特色美食。

荞麦脱壳磨粉时，先取其籽粒中间精华部分，称作"糁子面"，用糁子面做凉粉为盐池地方美食一绝。

关于荞麦面，盐池农村地方流传许多说唱段子，其中两段曰："揉的面一团团，擀的面薄片片，剁的面千条线，下到锅里莲花转，捞到筷上打秋千，盛到碗中赛花瓣！""一人剁面，八九人共餐，管叫你碗筷不停，吃饱吃好赛神仙！"

盐池饸饹面

■ **入选名录**：第七批宁夏回族自治区级项目名录

饸饹，是盐池一带最为重要的日常面食之一。其传入源头已不可考，不外乎山陕及陇东地区。只有荞麦面做的才能称作"饸饹"，因此饸饹特指"荞麦面饸饹"，包括小麦面在内的其他面食不能称作饸饹。

做饸饹面，需得有饸饹床子，是利用杠杆原理制成的、专门用来压制饸饹面的工具。传统饸饹床子多为木质，只有床子（出面条的地方）为打眼铁片。改革开放后才逐渐出现全铁质饸饹床子。床子分大小，小床子为日常家用，十人以内、三五人正合用；大床子为村人过红白喜事或聚会、庆典才用，数十人、上百人不在话下。压大床子非农村健妇或青壮年男子不可。

新磨出的荞面最适合做饸饹。有经验的农家平时磨荞面时一般不超出 50 公斤，磨好的荞面两个月内最好吃完。荞面放的时间长

🔶 荞面饸饹中所需要的底料：高菊花（草本植物，盐池当地特产）
摄影 / 冯大伟

大盆哈咯、大盆臊子，盛多盛少，随客意愿，随吃随加，加汤不换碗。盐池农村当地俗语云：两碗欠一点，三碗正舒坦，四碗五碗也能干

摄影/冯大伟

做饸饹面，需得有"饸饹床子"，是利用杠杆原理制成的、专门用来压制饸饹面的专用工具

摄影 / 冯大伟

了，煮成面条易碎、不筋道。过大事时，提前几日才磨好一二百公斤荞面待用。

饸饹最好用大铁锅煮。大锅汤宽，饸饹面一入沸水即刻上浮，旋即展开，不粘连，不易碎，便于煮熟后起锅盛碗，保持线条流畅美观。

饸饹配汤有一番讲究，通常以羊肉臊子为最好，也最搭，是饸饹面的灵魂伴侣；其他肉类、海鲜都不能用作饸饹臊子。酸汤饸饹以酸菜浆水配以辣子油、葱花、高菊花（草本植物，盐池当地特产）为佐料，荞面入素汤，清香沁脾，味美爽口；其中高菊花是酸汤饸饹面的灵魂伴侣。

最能发挥饸饹面的场合是农村的红白喜事。通常由事主所请的总管安排人专司其职，且要写到"执事单"上，确保责任到人，一般由炒汤厨子、凉菜厨子、撬面（和荞面是个体力活，须辅以擀面杖等工具用力搅动翻挑，其中"撬"是其中主要动作，因此叫作"撬面"）、压面（二三人轮换）、传汤、端盘、席口（招呼客人）数人负责。

盐池农村过红白喜事，也叫"过大事"。一般在正日子前两日就有亲戚客人提前到家，加上"家门中人"、帮忙打杂的乡里邻居，人数渐渐多了起来，就开始给亲朋上饸饹面了。

准备给客人吃饸饹面时，先要洗"床子"。将平时不轻易用的大"床子"取来，扫去浮尘，温水清洗两遍，开水烫洗一遍，晾干架到大铁锅口。此时负责撬面的已将荞面和好，负责压面的也已撸袖就位。将面团揪搓成柱状塞入床口，及时下压"床子"上杠，丝丝玉缕般面条直入大铁锅内的沸水，两三分钟后开始上浮，三搅两翻后，饸饹便已煮熟。这边专人负责捞面、大盆盛面、大盆传汤、上菜，几乎同时上盘，几人默契配合，一气呵成。

那边客人正望眼欲穿时，只听得响亮一声"席来"！"端盘"已飘然而至，"席口"接面、摆盆、布菜，一丝不乱。客人分别用席面早已摆好的碗筷盛汤、捞面，谦让一番后，便迫不及待地埋头大吃起来。

农村"过大事"时，席面上的饸饹面全部为臊子饸饹。大盆饸饹、大盆臊子，盛多盛少，随客意愿，随吃随加，加汤不换碗。盐池农村当地俗语云："两碗欠一点，三碗正舒坦，四碗五碗也能干。"

盐池荞面凉粉制作技艺

■ **入选名录：** 第四批宁夏盐池县级项目名录

荞面凉粉在盐池当地又称作"荞面臻子凉粉"。臻子是当地方言，实际指荞麦壳里的"糁子"，是荞麦中最精华的部分。

做荞面凉粉时，一般选取当年产的颗粒饱满的荞麦，筛过、洗净，上磨脱皮去壳，然后筛掉碎壳、细面、杂质，留下来的便是臻子。就可以准备做凉粉了。

做荞面凉粉时，先将臻子加适量水泡软，用厨用细纱布包起，放入盆内，用手掌反复挤压揉搓成黏糊状，倒入盆中加水搅拌成稀糊状。备一面细箩，滤去杂质粗粒，滤下臻子稀糊于备用盆中，准备熬浆。将滤好的臻子糊倒入锅中，点燃灶火，开大火；在灶火逐步升温时，双手持擀面杖不断搅动锅内臻子糊，使其不得粘锅、结块，直接熬熟。如此持续

约20分钟后，臻子糊基本全部熬熟，关火，焖一小时左右，起锅，倒入瓷盆等容器。大约冷却一小时后，将容器反扣在案板之上，取出凉粉。此时凉粉质感如胶，色泽如玉，可以食用了。

凉粉吃法较多，切条、切丁、擦丝（有专用凉粉擦擦）皆可，加入蒜末、油泼辣子、香醋、咸韭菜等，润滑如丝爽，清凉若啜雪。

荞面凉粉也可以切丁，与羊肉丁、鸡肉丁、牛肉丁等一起，做成臊子凉粉。一时吃不完的凉粉，可以切片、晾干存起来。到寒冬腊月时，作为猪肉烩菜配料，别具风味。

盐池酸汤凉粉被评为"宁夏名小吃"，其中凉粉一定是荞面凉粉，酸汤用酸菜浆水制成，其中最主要的佐料便是高菊花。

盐池荞麦壳耳枕制作技艺

■ **入选名录：** 第七批宁夏回族自治区级项目名录

耳枕的来由众说纷纭，其中比较有名的说法是来自蒙古族，与普通的枕头相比它中间有一个洞。

相传荞麦壳耳枕的历史可以追溯到成吉思汗时期。蒙古族的士兵骁勇善战，夜间也从不放松守备，中间有一孔的耳枕更便于听见周围的声音，增强警惕。清《钦定皇舆西域图志》卷四十一记载："绥克，即环也。金银为之，以坠耳朵，饰以珠子，男女皆用之。"蒙古族的男性也有戴耳坠的习俗，所以耳枕中间的洞也能便于蒙古族士兵将耳坠放进去，不挤压耳朵。耳枕这一工艺传入关内则始自庄文皇后时期，

耳枕最初作为满族贵族的家居用品，而后流传至民间。

盐池县种植、食用荞麦已有数百年历史。

荞麦的用途，除食用外，干枝茎叶，皆不废弃。其中荞皮（荞麦壳）除作为燃料、牲畜草料之外，最重要的用途便是做枕芯。

清人刘若金撰《本草述》载："荞麦气味甘干寒无毒……皆得金气之全者也，故谓其降气，第兹味金合于火，以得生化。故其叶绿而茎赤，且最畏霜，其不禁霜者，金之化原在火也，是其降气宽肠，炼五脏滓秽，而有剩功者此耳。"

春雪文化产业园有限公司所生产的二十八孔耳枕

清人包世臣著《齐民四术》载："荞麦，紫茎弱而歧生，枝枝结实……其秸作蘑，可辟臭虫蟛蚰。烧烟熏之亦效。其壳和黑豆皮、菊花装枕，明目。"

荞麦壳具有活血通脉、镇定安神、益智醒脑、调和阴阳之功效。将其作为枕芯，颇具清而不浊、静而不昏的雅致。20世纪八九十年代，盐池县创办荞麦枕芯厂，产品一度热销日本、韩国、东南亚等地，成为宁夏创汇产品。

在盐池当地，无论过去、现在，荞麦壳枕头绝对占主导地位。其中具有代表性的冒氏家族祖传工艺已有百年，耳枕全部用纯手工制作。采用上等的棉布或者丝绸面做枕面，形状大多为长方体，内填荞麦壳辅以其他的花草茶，枕头中间有一到三个中空的洞。现在的冒氏当家人冒万学在前人基础上进行了创新，制作出了七孔耳枕、折叠耳枕、十四孔耳枕等。

进入21世纪，新枕头产品层出不穷，但盐池人一如既往地保留了对于荞麦壳枕头的无比忠诚和喜爱。

盐/池/非/遗/人/物

冒万学

冒万学：荞麦皮枕芯制作技艺市级非遗传承人。1972年生，盐池县花马池镇人，2013年成立宁夏盐池县春雪文化产业园有限公司后，致力于耳枕研发。2016年注册"荞真堂"耳枕商标；在2017年9月第二十届中国农产品加工业投资贸易洽谈会上，"荞真堂"二十八孔锦缎耳枕荣获金奖。

黄米糕角角

■ **入选名录：** 第三批宁夏盐池县级项目名录

黄米糕角角原料为软糜子，古称黍。软糜子去壳后磨面，可做糕。

传统做糕过程并不复杂，需要的是耐心。

先将少量软糜子碾成米，再把米用清水淘一遍，半干时用土碾子碾成粉待用。糕面不可久放，一般农家一次只碾二三斤，吃一次碾一次。

做糕时，先用开水和糕面，用筷子边搅边和，匀称、偏硬为宜，然后捶捣揉团后放到面盆里，盖上

盖子、围上湿蒸布。再把面盆放在热炕上，用棉褥或小被等织物围起来醒面，醒面时间要长一些，几个小时到十几个小时不等，主要是让面中淀粉发酵出糖分，醒面时炕的温度、时间长短把握得越好，做出来的糕越甜。

面醒好后，揉成长约30公分、直径约6公分的一根根圆形糕条，放到锅里蒸，约莫40分钟后糕条便蒸熟了。

蒸熟的糕条，不用刀切，因为

◆ **黄米糕角** 摄影 / 鲁贤斌

粘刀。传统做法是用线切片：通常由家中主妇取一根长约二尺的棉线，一头咬在嘴里，一头用右手扯紧，左手握紧糕条，下面对准案板；然后右手顺着糕条外端横截面一绕一拉、一绕一拉，一片片平整、圆溜溜的糕片瞬间切成。用棉线切糕片看似简单，却如中药材切片一般，非一日之功。有农村妇女精于此道者，切出的糕片既薄且匀，是为高手。

切成的糕片，可以直接吃、蘸糖吃、蘸蜂蜜吃、油炸后吃，也有人做了臊子，将糕片烩入其中，滋味各不相同。

糕角的做法，是先将醒好的糕面揪成剂子，再将剂子揉成一个个光滑的小面团，然后把面团擀成面张，包上馅子，按照包饺子的方法捏边，一个个糕角角便这样做成了。馅子有用猪油和红糖做成、有用麻麸和黄萝卜丝做成，盐池地方以这两种馅子最为地道也最具当地特色，其他如胡萝卜馅、冰糖馅也有，随个人喜好。

糕角做成后，上锅蒸、下锅炸皆可。不论锅蒸或者油炸，出锅后一样香甜软糯，筋道十足。

卜拉子

■ 入选名录：第三批宁夏盐池县级项目名录

卜拉子，也称卜喇子，是我国西北大部分地区常见的一种家常饭。

其流传源头已不可考。可以肯定的是，这种以粗粮和野菜、树叶等杂拌而成的极其简单的食品，是身处饥寒困境中的贫苦百姓借以果腹的季节性食物。

按当地老人记忆，盐池地区农村吃卜拉子的习惯，有几百年历史了。

那时候吃的卜拉子，主要有土豆卜拉子、榆钱儿卜拉子、苜蓿卜拉子、苦菜卜拉子、艾叶卜拉子、灰条卜拉子等。其中土豆卜拉子最为常见，几乎一年四季都可以吃到，其他卜拉子只有当季才可以吃到。而所拌的面，除了荞面外，白面掺荞面、玉米棒子面等均可。困难时期，极粗的麸面也不得不用来和野菜一起做卜拉子了。

卜拉子的做法很简单。比如榆钱儿卜拉子，先将榆钱儿摘回洗净，拌上荞面，以干爽为宜，抖掉余面，上蒸笼蒸熟后，简单加些葱花、咸菜、浆水、盐、萝卜丝即可食用。

其他野菜卜拉子做法大体相同，只不过在处理菜叶时，要求切片大小匀称，便于上蒸笼时整体熟透，不至夹生。

做土豆卜拉子时，先将土豆去皮，切丝或擦丝，拌上荞面，上蒸笼蒸熟即可。土豆切丝时要即切即用，否则会氧化变黑，做出的卜拉子口感欠佳；或将土豆丝泡在冷水里澄出芡面，再拌荞面；芡面慢慢收集起来，有一定量了，用饸饹床子做粉条。

进入 20 世纪后，盐池卜拉子同样焕发生机。

主材基本上还是原来那些材料，如土豆、榆钱儿、艾叶等，又新增了槐花、黄花、芹菜叶等几个新品种。而配料却焕然一新。羊羔肉、羊肝、鸡蛋、各类新鲜蔬菜、香精、胡麻香油等皆可作为配料。可以直接蒸熟拌料吃，也可以蒸熟后再加配料炒着吃。家庭日常吃、待客吃。即便招待最尊贵的客人，也要郑重其事奉上一盘，作特别介绍，激发客人味蕾的特别感受。

盐池农家月饼

■ **入选名录：** 第三批宁夏盐池县级项目名录

月饼自古以来就有祭月之用与团圆之意，承载着我国悠久又深厚的历史文化。盐池土月饼承袭了旧时的做法，又融入了盐池的特色。

盐池传统月饼，分大小两种。

大月饼如锅盖，小月饼只八公分大小。大月饼通常无馅，小月饼则必须包馅。

做大月饼时，先将发酵好的面团擀成五公分左右厚的大饼，根据锅的大小，整理成规则圆形，表面处理光滑平整，均匀抹上香油，再用特制月饼花夹在上面夹出富贵牡丹、猴子拜月、蜂儿扑菊、鱼儿闹莲、双桃献月等吉祥图案，然后放入大铁锅中文火烙熟。一口锅一次只能烙一块大月饼。烙一块大月饼通常要 40 分钟左右。旧式铁锅锅底多为倒锥状，所以烙成的月饼中间厚、四周薄。

烙月饼，尤其烙大月饼是个技术活。通常由家中男人负责，女人做月饼。一般三五十户的村庄，能烙大月饼的，三五人而已。

每到中秋前十来日，村中烙月饼的高手就忙了起来，往往忙完东家忙西家，白天接着晚上烙，一刻也停不下来。虽然累，心里却很得意。

烙月饼的关键，要求内熟外黄，不可发焦、夹生，翻烤时轻拿轻放，不使月饼变形或碰坏月饼上的花子。这个过程，掌握火候和"抹油"最为重要。烙月饼过程中，不时抹香油可以防止月饼烤焦。但油抹多了，不易上色，烙出的月饼颜色发白，花子棱角也不够坚挺。所以烙月饼要专注，随时观察火势、

李月玲展示新出炉的农家月饼

调整火候。切不可频繁打开锅盖察看月饼成色（即烤黄的颜色）。锅盖揭得多了，"上火"成色就差了。

做小月饼时，先要备馅。小月饼的馅，传统做法一般由红糖、枣泥和麸皮拌成，加入麸皮是为了口感爽利。如果仅用红糖、枣泥和面做馅，吃起来则会粘牙。

备好馅后，把发酵好的面团从大盆里取出，一个个揪成核桃大小的剂子，再将剂子擀皮、加馅、包好，放入事先备好的月饼模具，用手压平、抹香油，然后翻转模具，倒磕在案板上，一个小月饼就做成了。

在过去，盐池农家过中秋节时，一般要做大月饼两到三个，小月饼百八十个。

家有小孩的农家，往往会在做月饼时留出一点面团来，要给孩子做几个动物月饼。动物月饼包括兔子、猴子、小鸡、花儿等，统称为"花花"。要做花花了，孩子们别提多高兴啦，急吼吼地守在烙锅边，口水都快要流出来了。

八碗一暖锅

■ 入选名录：第三批宁夏盐池县级项目名录

八碗一暖锅大约是由清朝宫廷满汉全席中的八珍宴演化而来。宫廷八珍宴称得上真正的山珍海味，传至民间则显得朴素多了。

盐池地区的"八大碗"并非只有八碗菜品，其实是八碟八碗，另加一道小吃、一道汤、一份年糕和主食，一般须凑足十二道，比喻一年十二个月，圆圆满满。

当时农村群众生活水平普遍不高，时令蔬菜品种单一，海鲜鱼类更是难得一见，所以菜品种类相对简单。也正因如此，才形成八大碗相对固定的菜谱。

八碟为凉菜，一般为四荤四素。

四素碟通常包括：肚丝拌绿豆芽（农家自制）、蒜泥拌豆角（夏秋季节提前晾晒好的干豆角）、油炸大虾皮（市面现购）、凉拌土豆丝等四种。

四荤碟通常包括：凉拌猪耳、凉拌猪蹄、凉拌肘子、冷鸡块、自制皮冻、干炸带鱼（不常有）等其中四种。

"八碗"为热菜，也是四荤四素。

四素碗通常包括：黄豆芽烩豆腐、油炸豆腐烩菜、黄花烩菜、干豆角烩菜、白菜烩豆腐、油炸土豆条烩菜等其中四种。

四荤碗通常包括：清炖羊肉、条子羊肉、方子猪肉、条子猪肉、梅菜扣肉、红烧排骨、烧肘子、猪肉炒粉条、清蒸丸子、木耳炒肉、糖醋鱼（不常有）、八宝菜等其中的四种。

汤主要有小吃汤、紫菜豆腐汤、蛋汤、老酒汤、小丸子汤等，一般只上一至两道。通常老酒汤、小丸子汤为必上，客人只要一看到丸子汤上来，就知道宴席马上要结束了。

主食固定为米饭、馒头；其中米饭有纯大米饭、二米饭和黄米饭三种。上纯大米饭多为家庭条件较好人家，上黄米饭则为一般条件家庭了。

当时农村过红事大多选在秋冬腊月或正月。一方面是因为到

八碗一暖锅

了这个季节，猪肥羊壮了，有肉才可以做席面；另一方面正好农闲，又近春节，最适合走亲戚、赶红事。但是这个季节农村除窖藏大白菜、土豆外，几乎没有别的新鲜蔬菜了。

盐池南部和中北部地区所做八大碗菜品亦略有不同。南部山区由于草原少，农家多养猪，席面以大肉居多，中北部地区草原面积大，养羊多，席面以羊肉居多，其他菜品基本类似。南部山区受周边陕甘地方风俗影响，席面更加精致一些；北部地区受内蒙古风俗习惯影响，席面更加厚实一些，各有千秋。

20 世纪 90 年代后，人民群众生活普遍提高。农村条件相对较好的家庭过大事时开始上八碗一暖锅，其中八碗与前述的八碗基本一致，仍包括八碟八碗，区别在于新鲜蔬菜开始多了起来，是因为当时农村已开始尝试冬季大棚种菜。区别最大的，就是增加了"一暖锅"。

暖锅所用的锅，其实就是传统炭烧铜火锅。用汤一般为新鲜的羊肉汤，也有用鸡汤的。暖锅主料多为条子羊肉、羊排、肉丸子、豆腐、黄花菜、粉条、油炸土豆条、大白菜等。

进入 21 世纪后，在农村偶有上八碗一暖锅的席面，菜品种类更加丰富。

盐池古法五粮香醋制作技艺

■ 入选名录：第七批宁夏吴忠市级项目名录

我国是世界上谷物酿醋最早的国家。春秋战国时期，已有专门酿醋的作坊。《论语》（公元前6世纪）记载"或乞醯焉，乞诸邻而与之"，说明早在2500多年前我们的先民就已经会酿醋。到汉代时，醋开始普遍生产。南北朝时，食醋的产量和销量都已很大。

北魏贾思勰的《齐民要术》中就系统地总结了古代劳动人民长期以来的制醋经验和成就，书中记载的制醋方法多达几十种。

酿醋，为盐池农家日常技艺，当地俗称"办醋"。

酿醋为盐池地方传统手工业。1936年6月

盐池县城花马池刚刚解放时，仅有商铺十余家，其中就有几家醋坊。抗战期间，花马池城宝生珍、德顺和等大商铺在经营大宗土产皮货生意的同时，也兼办醋坊。1958 年前后，盐池县创办糖酒粉厂集体企业，内设醋坊，专门为城镇居民提供酿醋服务。一直到改革开放前，当地农家几乎家家都会办醋。

盐池农家办醋分为"土炕办醋"和"晒醋"两种。传统酿醋的发酵过程一般是先将醋曲装入大缸包好，放到自家热土炕上发酵，称作"土炕办醋"；大约在改革开放后，才开始将装曲大缸移出屋内，放到院内向阳处，靠阳光温度发酵，称作"晒醋"。原料皆取自当地杂粮如荞麦、糜谷、豌豆等。与"晒醋"相比，"土炕办醋"醋味更加醇厚绵长。

盐池古法五粮香醋以当地产荞麦、玉米、大米混合高粱等杂粮为酿制原料，按照传统工艺酿成，颇具地方风味特色。

古法五粮香醋酿制要领主要包括四个环节：先将原材料粉碎、蒸煮、糖化后做成酒，放到发酵池进行固态发酵；经过 20 多天发酵后，封焙一个月左右；淋出储存；储存时间越长醋越醇，存几年即为几年陈醋；灌装前进行灭菌处理。

冯氏古法酿酒

■ **入选名录**：第三批宁夏盐池县级项目名录

我国是世界上最早酿酒的国家之一，早在公元前7000年左右的新石器时期，人们就已经学会了酿酒。通过出土文物可以肯定，在龙山时期（公元前2500—公元前2000年）就出现了谷物酿酒。对于我国蒸馏白酒出现的时间，在学术界还有较大争议，但基本可以确定元代后，我国蒸馏白酒酿造技术已经成熟。

盐池冯氏酿酒可以追溯到清同治年间。

当时，冯氏天祖冯起俊和高祖冯玉德等人在宁夏金积堡董府尝试酿酒，三年后在金积镇开办了冯氏酒坊。到民国初期，曾祖冯殿章已将冯氏酒坊生意经营得十分红火，先后在金积堡及盐池县圈湾子、冯记沟、巴尔掌

等地分别开办了冯氏酒坊，口碑颇佳。后由于战争、粮食匮乏等原因，冯氏酒坊被迫停业。1962年，祖父冯世林和儿子冯彦明重操旧业，几经波折传至孙辈冯炳升经营，分别在麻黄山、下高窑子、巴尔掌等地开办冯氏酒坊。

冯氏酿酒以当地产小麦、豌豆、绿豆、荞麦、玉米为酒曲原料，按照家传工艺制曲，再经洗粮、泡粮、蒸粮、配槽、配曲、入容、发酵、装槽、蒸馏等工序酿成。

盐/池/非/遗/人/物

冯秉升

冯秉升：古法酿酒县级非遗传承人。1978年生，盐池县人，冯氏酿酒第五代传人。

盐池鹿血酒

■ 入选名录：第四批宁夏盐池县级项目名录

鹿血是史载已久的食材及中药。唐明皇就以"鹿血煎酪"赐安禄山，曰"热洛河"；笔记中也有宋人病中食"鹿血羹"的记载。《吴中旧事》则载，"秦桧妻弟王唤每刺鹿血热酒中饮之"。宋代爱国诗人陆游还有"玉杯穿酒和鹿血，女真降虏弹箜篌"的诗句。历代医书中都有对鹿血药用功能的详细记载。

药酒，作为一种将强身健体的中药与酒结合为一体的保健饮品，在我国具有上千年的历史传承，中国古人创造了药食同源的饮食文化。

鹿血味甘咸，归肝、肾二经，具养血益精功用。《本草纲目》载：鹿血"大补虚损，益精血。"

最早，盐池机械化林场为发展林业经济开始在草原上尝试人工养鹿。后来机械化林场批准为国家级自然保护区。哈马湖国家级自然保护区管理局所属企业试酿出首批鹿血酒。

哈巴湖鹿血酒以青稞原浆酒、黑枸杞、红枸杞、甘草、桑葚、龙眼肉、鹿鞭、鹿茸、鹿茸血、红枣等为调配原料，古法酿制而成。经过殷万琪、殷秉发、殷兆平三代人的传承发扬，制作流程规范，技艺精湛。

◆ 鹿血酒　摄影 / 蔡详山

擀毡

■ 入选名录：第六批宁夏吴忠市级扩展项目名录

毡，是人类发展史上最为古老的非编织性织品。《周礼·天宫·掌皮》记载："共其毳毛为毡，以待邦事。"说明在遥远的周朝，即设有管理制毡的官员——掌皮。

"自筑盐州十余载，左衽毡裘不犯塞。"这是白易安《城盐州》中的诗句。盐州，即今盐池县及其周边地区。衽，本义为衣襟，"左衽"代表古代北方少数民族服饰；"毡裘"此处借指住毡帐、穿裘衣的吐蕃人。

盐池县皮毛资源丰富，以皮毛加工为主的手工业是其传统产业。

中华人民共和国成立前，盐池当地皮匠、毡匠、绳匠以及织造毛口袋的毛毛匠常年走乡串户，鬻艺糊口，讨生活。据1936年边区政府统计，盐池县城花马池共有皮匠、毡匠、绳匠、口袋匠17家，从业匠人103名；而木匠、石匠、泥瓦匠、铁匠、银匠等其他手工业者合计只有69名。

1936年6月西征红军解放盐池

◆ 把搓洗好的毛毡放在端正的木橼上晾干

◆ 擀毡所用的竹帘和弓

县后，盐池毡匠也曾为陕甘宁边区经济发展做出过贡献。1941年9月，盐池县进步商人靳体元、杨华亭等人商议利用当地皮毛特产创办毛纺工厂，支援抗战，受到边区政府的大力支持。1942年2月工厂正式成立，厂名为"元华工厂"。从1942年到1945年，元华工厂共为边区机关干部和前线战士制作衣胎、被胎、绒帽、毛毡、军用毛毯等共计12万多件（每件5条），此外还生产了大量的二毛皮衣、老羊皮袄等，有力地支援了边区抗战和人民群众的需要。

过去，盐池农村邻里间拉话，说到生活贫困时，常能听到一句："咱穷得就剩下皮袄毡毯了！"意思是说，穷到极限了。形容年轻人不踏实做事、好高骛远，就来一句："黑夜想到天上，醒来还睡在毡上！"这两句话虽有戏谑的成分在，也从侧面说明了毡为农要居家必用之物。

可别小看了毡匠，农村俗语说："一做官、二打铁、三弹花四擀毡……"竟然将擀毡排在诸业前四，可见这门手艺在农村是何等吃香。

20 世纪七八十年代以前，每到三四月间春耕春种结束时，就会看到毡匠们三三两两结伴而行，背着竹帘扛着弓，走村串户。走到哪村，哪村就会响起"嘣—嗒、嘣—嗒"的弹毛声。

李文智

李文智：擀毡市级非遗传承人。1953 年生，盐池县人，籍贯陕西定边。1970—1973 年拜师习得全套擀毡技艺，从业至今。

李占宏

李占宏：擀毡县级非遗传承人。1979 年生，盐池县人。20 世纪 90 年代跟随父亲李文智习得全套擀毡技术，从事该项目传承工作 20 余年。

路光昇

路光昇：擀毡市级非遗传承人。1952 年生，盐池县人。16 岁开始师从岳父马续其学习擀毡，从事该项目传承工作 30 余年。

盐池柳编制作技艺

■ **入选名录：** 第四批宁夏盐池县级项目名录

柳编技艺是我国民间传统手工编织技艺中的一种，也是我国民族文化传承的重要载体。顾名思义，这是一种用柳、藤、草等植物进行编织的技艺。柳编技艺在我国分布范围广泛，不同地区之间的区域性和民族性差异很大，每一种都拥有其独特的韵味。

盐池县地处毛乌素沙漠南缘半干旱区，境内草原沙生资源较为丰富，因此农村群众利用当地沙柳、芨芨草编织农家用具传承已久。

沙柳编、芨芨草编在盐池农村最初并非作为一种技艺传承，而是农家生产生活必需的技能。

由于当时生产资料极度匮乏，农村百姓只能就地取材，柳编广泛用于农家盖房、圈棚棚顶"衬材"，扎篱笆院墙、牲畜圈墙，编背篼、草筐、土糖、连枷（农村打场工具），做油笼（用牲畜血和胶泥防漏）等。全县只有中北部草原沙漠地区产有少量沙柳，因此使用沙柳编制农家用具主要集中在这一地区。

改革开放之初，全县大办乡镇企业，成立了县办柳编厂（公司），吸收村民青年学习最新柳编技艺，开发工艺产品。到 1986 年前后，盐

◆ 各类柳编制品

池县柳编公司生产的柳编产品成为宁夏出口创汇免检产品。

盐池全境几乎都有野生芨芨草，所以草编用途更为普及，几乎家家成年男子都会编几样芨芨草农家用具，村中老人技艺更加娴熟。传统草编农家用具主要有背篼、圈子（架子车帷子）、驮筐、草筐、提篮、锅圈、篾子（俗称"锅篱子"）、扫帚等。

芨芨草枝杆细长而匀、韧性好，适合编织各类日常用具。

做草编前，先要到村庄就近的野外草原拔回些芨芨草来。芨芨草的枝干与根部连接紧密，用手难以拔出，拔不了几枝便要伤手了；刀砍镰收易伤草根，影响其第二年生长。因此要借助锹把、木棍等辅助工具，利用杠杆原理将芨芨草一小撮一小撮"抬"出来，当地人俗称"抬芨芨"，农人对于造物之爱敬也正表现于此。"抬芨芨"多选择秋季农闲、白露前后时节。

刚收下来的芨芨草较为硬挺，不适宜直接编织，要经过浸泡、净皮、晾晒处理。浸泡为了使其变软，净皮是去除残枝废叶，晾晒则能自然除去芨芨草中的部分木质素，使其变得柔软富有韧性，同时晾晒也是自然漂白过程。

盐池传统柳编、草编分单编、双编、三编、四编、多编、拧编、倒编、顺编、辫编、折编等多种编法，不同用具其编法也不尽相同。

进入二十一世纪后，会柳编、草编的人越来越少，盐池有关企业、草编爱好者不断吸收借鉴当代优秀柳编、竹编、草编工艺风格，柳编、草编产品进一步走向成熟雅致。

20 世纪 80 年代盐池县柳编厂产品

○ 盐池传统手针疗法

传统医药

盐池传统手针疗法

■ 入选名录：第四批宁夏盐池县级项目名录

针灸疗法是中国古老的民间传统医学，它分为两种，一种是针法，一种是灸法。其中，针法是指在病人身体的相应穴位用针刺入，刺激神经并引起局部反应，以达到治病的目的。

新中国成立前，盐池县城乡几乎没有正规医院或中西医诊所。县城有两三家中药铺卖些常用中药材，也没有坐堂医生。农村有少数郎中（群众称作先生）、花儿匠（预防天花"种豆"郎中）、卖药先生走乡串户，治疗一些常见病。由于当时药品较为昂贵，普通群众大多用不起药。生病多采用拔火罐、扎针、艾灸等民间土偏方治疗，找"走黑的"（巫婆神汉）或乞神拜佛求老天保佑也十分普遍。所谓"小病养，大病扛，重病等着见阎王"便是当时患病群众的真实写照。

改革开放后，全县医疗卫生事业有了长足发展。虽然医疗技术日趋提高，但民间中医验方、拔火罐、扎针、艾灸等传统疗法并未完全消失，仍有传承。

人之全身气脉相通，俗语云：十指连心。盐池手针疗法，是以人之五指或十指代替全身器官经络，予以施针治疗。

手针疗法，是以中医刺血疗法，排除病体淤堵血栓和气血中的邪气，达到治疗效果。疗法原理在于，当人体器官某处毛细血管不畅时，会有不适感，严重时器官会发生病变。手针疗法选择人体神经敏感地方（即经络和穴位），以针刺法下针刺激，恢复毛细血管畅通，从而达到缓解病痛功效。由于微循环重新建立起来，养分进入病体器官，病灶垃圾排出，病体就很可能恢复好转。

比如治疗小儿疝气时，一般会在神阙穴处施针，并在小儿阴囊处涂上特制药物，然后用纱布包起来待养。通过针灸和药物共同刺激病体，驱除寒气，使下坠的脐带自动复位。

盐池手针疗法并非创新技法，而是我国传统中医针灸技法的延续，因其屡有疗效果，是以传承至今。

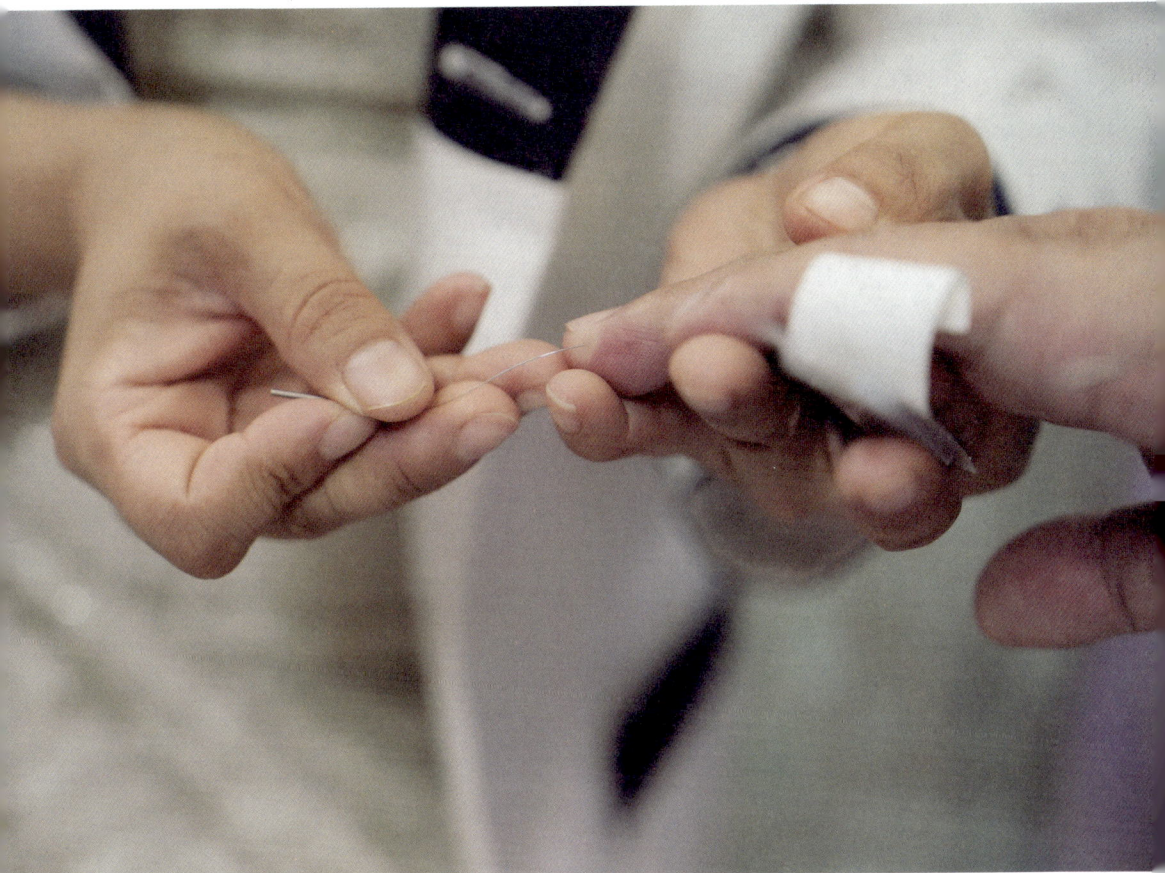

◆ 手针治疗中

长城关星雨　摄影 / 李群育

民俗

燎疳民俗

■ 入选名录：第四批宁夏回族自治区级项目名录

民国陈步瀛《盐池县志》载："廿三夕，家户堆蒺藜于门外，以火焚之，撒以盐。老幼越跳，名曰'燎疳'。既而，扬其灰，名曰：'六谷花'，以占年丰。"

燎疳源于中国古代"燎祭"，燎祭亦称"庭燎"。《诗经·小雅·庭燎》云："夜如何其？夜未央。庭燎之光。君子至止，鸾声将将。"古人将燃柴祭天称为"燎"。《三国志·魏志·贾诩传》裴注引晋司马彪《九州春秋》云："功业已就，天下已顺，乃燎于上帝，告以天命。""疳"在中医上指小儿疾病，泛指一切灾疾痛苦。燎疳即通过火燎，送走一切疾厄晦气。

盐池地方燎疳与山陕、陇东地区大体相同。

正月二十三日，村人早起，开始洒扫庭院，将正月里燃放烟花鞭炮飘落的碎纸屑扫拢。之后男人、半大孩子一起外出，就近到野外收集沙蒿、艾草、枯树等柴火，拢成几大束扛回家来，与碎纸屑一起堆放在院外远离房舍、圈棚、草堆的空旷处，燎疳准备工作基本就绪。

是日早中二餐可随意，粉汤、饺子均可。晚餐多为荞面摊馍，俗谓"铺疳"。

晚饭后，闲聊坐等天黑。约莫辰时，繁星如幕，正是燎疳时分。

一家人携老扶幼，带上老人和儿童的贴身衣

"扬花儿" 现场　摄影 / 岳昌鸿

"扬花儿"

摄影 / 周勇

物、被褥、灶上厨具、一捧盐巴，来到院外堆放柴火处。先放鞭炮，再燃柴火，由长辈向火中撒入盐巴，用铁锹拱火渐旺。

此时，先由家中女眷抱着幼儿从火堆中间一跃而过，然后半大孩子、老人、女眷、男家主依次跃过。可往复跳跃。年高体弱的老人不得过时，可由儿孙辈扶持，从火堆侧边缓缓跃过。此一环节，是为了祈求来年全家人无疾无灾、平安顺遂，俗谓"燎百病"。然后由家中女眷将老人和孩子的衣物、被褥、厨具一一在火上燎过，俗谓"薰病虫"。

火势渐弱时，由家主将尚未燃尽且带着火星的残梗收拢、堆圆、轻轻压平，示意全家人准备好开始"扬花儿"了。因为不是第一次燎疳，家人都领会其意。第一锹火花高扬半空，全家人高呼："小麦花儿啊！"第二锹火花高扬半空，全家人高呼："糜子花儿啊！谷子花儿啊！荞麦花儿啊！豌豆花儿啊！芸芥花儿啊！"俗谓扬"六谷花"。一般六锹过后，火星残梗基本上没啥剩余了，若有，可以继续喊"萝卜花儿、韭菜花儿"等。

扬过"六谷花"后，场上火星点点，大人孩子们纷纷踩向火星，俗称"踏老鼠"，意思是除去六谷害虫之意。

若有孕妇、病人不能出去燎疳者，家人也会带回几颗柴梗火星，凑近孕妇、病人鼻子闻一闻，同样表示参加了燎疳，一样会平安顺遂，俗谓"闻花儿"。

此时，邻居乡亲也正在或正准备燎疳呢，刚刚燎完的孩子便一溜烟跑了过去，跟着继续喊"糜子花儿啊""谷子花儿啊""荞麦花儿啊""豌豆花儿啊"……

正月二十三的夜幕之下，是人间祈求平安、丰年的火热场景。

盐/池/非/遗/人/物

何武东

何武东：燎疳民俗县级非遗传承人。1969 年生，宁夏盐池人，何武东自小参加燎疳活动，在该活动中成长，学习燎疳的仪式过程和燎疳的文化内涵，并四处搜集资料，掌握了大量的盐池燎疳民俗活动资料。

盐池庙会

■ 入选名录：第二批宁夏盐池县级项目名录

庙会又称"庙市"或"节场"，一般在春节、元宵节等节日举行，是中国民间广为流传的一种传统民俗活动。

旧时，盐池地区交通闭塞，教育落后，文化生活十分贫乏。赶庙会几乎成为乡民一年中最大的乐事。

中华人民共和国成立前，盐池境内最有影响的庙会为：农历三月三灵应山庙会、三月十八石山子庙会、三月二十八田记掌庙会、三月三大阳沟庙会、四月八铁柱泉庙会，四月八安定堡庙会等，其中石山子庙会因其近县城，最为热闹。

石山子是周边有名的大庄子，清代就有一村四十多对牛同时"出犁"的记载。村北山坡上的一个院落建有娘娘庙、老爷庙和龙王庙、东西禅房六间，带门楼，气势威严。殿内塑三霄娘娘像，两边各立童子一个，班排神护两个，栩栩如生。殿内塑有福山，墙壁和殿顶绘有各种神佛图案，数百小孩或泥塑或彩绘，穿插于福山和图案中，惟妙惟肖。

对于举办一年一度的庙会，石山子村民十分重视。选出有威望的人担任会长，提前两三个月开始筹备。费用"按牛"摊派，即村民养有一对牛的，丰年负担粮食1斗，歉年负担5升。

每年正、二月间，当地有名的社火班、戏班、皮影班，如南梁戏班、石山沟戏班、"谢小旦"皮影班等，开始陆续到村上联系演出事宜，签订合约，届时前来助兴。

农历三月十七这天，娘娘庙前广场上的戏楼已经搭好。县城字号和周边做粳糕、卖凉粉、炸小吃等的小商贩提前过来做营业准备。几十里外的乡民陆续投奔石山子亲戚家中，家家户户槽头拴满了牲口，屋内挤满了亲戚。晚上，娘娘庙前开始唱《香山寺还愿》等"神戏"，祈求"神神老人"保佑乡民一年平安顺遂。

三月十八这日，周边善男信女一大早就纷纷赶到石山子，开始"拴娃娃"等民俗活动。庙内香烟弥漫，钟磬悦耳，院外车水马龙，热闹非凡。

上午十时许，随着一阵锣鼓响起，大戏开场了。

俗话说"烧香的少，绕庙的多"。锣鼓响起时，除少许香客外，全都跑到戏场里来。卖小食、小百货的商贩在戏场两侧摆满了摊点。外乡孩子大多初次见这样的世面，有的趴在爹的肩膀上问这问那，有的抱住娘腿要吃食、要玩具，胆大的孩子互相追逐嬉闹，毫不认生。老年人则全神贯注欣赏着秦腔唱段，不时跟着演员哼唱两句。

年轻小伙儿、姑娘有些心不在焉了。这些小伙子、姑娘们本就带着目的来的，那就是趁机找对象或与对象会面。大家平时忙于农活，且受当地习俗约束，不宜单独会面，只有赶庙会是个难得的机会。穿着得体的小伙子三三两两聚在一起指指点点：那是谁家俊俏丫头，那又是谁家标致姑娘……小伙儿、姑娘的家长们也相互打听着，个个心里盘算着。只要相准了，三天庙会结束后，便请媒人上门提亲了。

十八日晚，唱皮影；十九、二十日仍然白天唱大戏，晚上唱皮影。其间，亲朋好友开始拜亲访友、谈论婚嫁、议论收成，各得其乐。二十一日后，香客、商贩、亲戚客人们陆续离开，尽兴而归。

游九曲

■ 入选名录：第四批宁夏回族自治区级项目名录

盐池俗语云：九曲阵里走一走，轻松活到九十九。

游九曲，是盐池县春节最重要的民俗文化活动之一。每年元宵佳节，县城都要举办大型游九曲活动。城乡男女老幼，乐此不疲。

清末民国初，盐池县城花马池偶有乡绅、商号在春节期间倡导组织"转灯"活动，大约为盐池游九曲之发端。更早关于盐池游九曲的记载史无可考。

盐池县青山乡村民李万保（生于1852年）娶陕北米脂县艾氏为妻后，有机会参加米脂县春节游九曲活动，并将游九曲阵法布局带回家乡。后李万保之子李文章（生于1895年）结合父亲传授和当地"转灯"特点，精心研究游九曲阵图。1910年春节，年仅15岁的李文章用玉米秸秆搭建"九曲黄河龙门阵"供村民们游乐，游九曲民俗重新走进当地群众视野。

陕甘宁边区时期，三边地区民主政府及民间偶尔组织春节游九曲活动，李文章为重要参与者。

1986年春节，在民俗爱好者推动下，县城组织了一次游九曲活动。1993年，盐池县政府决定正式恢复传统游九曲民俗文化活动。

盐池游九曲搭建的"九曲黄河龙门阵"呈正方形，按照《周易》九宫八卦方位，分为九个曲阵，九

🔹 欢欢喜喜游九曲

宫分别代表了福、禄、寿、喜、吉、祥、安、康、顺的美好寓意。龙门阵纵横各 19 行，阵内分布 361 个节点，每个节点竖立一根立竿。

盐池游九曲活动刚刚兴起时，搭建九曲立杆就地取材，以木杆、竹竿扎制而成，杆高约 3 尺，杆距 5 尺，前后杆之间以细绳联结。再竖起 4 个立杆代表"太阴门"和出口的"太阳门"（出口），全阵共 365 个立杆，代表一年 365 天。

20 世纪 90 年代中后期，搭建九曲黄河龙门阵一般多用铁杆，形成曲直通道，每杆上端扎上灯盏或灯笼；龙门阵四角点燃大堆燃煤煤塔，更添红火热闹的氛围。

2018 年建成九曲民俗文化园，其中建设永久性"九曲龙门阵"占地 1.2723 万平方米，游道总长 2.4 千米，恢宏大气，文化内涵更为丰富。

游九曲时，游人必须从右仪门入、左仪门出，逆时针游走，从一曲（乾宫）转到九宫（中宫），中途可暂停拍照休息，但不得随意退出。顺利转出寓意来年平安顺遂，如果中途跨阵而出或原路折返，则代表来年不利。

游九曲时，游人可以自带一盏小灯笼挂在立杆上，寄托愿望，形成百家灯阵。也可以有意来"偷灯"。传说在九曲时，"偷"得红灯者生男娃，"偷"绿灯者生女娃。因此守灯人有时故意怂恿年轻媳妇"偷灯"。不过要记得，今年"偷灯"一盏，来年须还两盏。

在盐池，城乡人民群众春节期间游九曲已成习俗，年年都能游出新花样、新故事、新境界，历久弥新。

李振荣

李振荣：游九曲县级非遗传承人。1945 年生，盐池县青山乡人。20 世纪 80 年代中后期，李振荣（民俗爱好者，时任盐池县二轻局局长）与同乡侯学斗（民俗爱好者，时任盐池县建设局局长）本着对乡土文化的热爱，积极呼吁恢复当地传统游九曲活动，改变全县春节文化活动单一状况。1993 年，在李振荣、侯学斗二人积极争取下，盐池县政府决定正式恢复春节游九曲民俗文化活动，参与游人数万人次，使当地百姓再次感受到传统文化的独特魅力。

佟建鑫

佟建鑫：游九曲县级非遗传承人。1967 年生，盐池县花马池镇人，热爱并致力于民间民俗文化整理传承工作。

周于智

周于智：游九曲区级非遗传承人。1982 年生，盐池县王乐井乡人。2008 年开始加入游九曲策划、布置、搭建工作。对游九曲文化内涵和搭建技巧有深入研究。

盐池非遗

拾壹

民俗文化

盐池地名故事

文 / 侯凤章

花马池

花马池是个响亮的地名，这个地名始于明朝，终于民国初年，存在了500多年。500年间，花马池"羽翼陕北""捍蔽环兰固靖"，威震西北边塞。三道长城防线穿境而过，数十座城堡旌旗相望，数百座墩台烽烟相连，金戈铁马，鼙鼓雷动，大将纷驰，羽书飞传，战云密布。"胡盘河朔千营月，兵拥长城万灶烟。"（王琼《驻兵花马池》）

花马池本是一盐湖名，这个盐湖为什么叫花马池，有多种解释，其一是传说湖中曾出现过一匹色彩斑斓的骏马，因此得名。其二是以盐换马，"换马"谐音"花马"。花马池名始于何时？具体年月不可考，但应该是在唐宋元三朝之后，唐朝时盐州五原县有盐湖名为乌池、白池、瓦池、细项池，没有花马池。宋元史中亦无花马池之名出现。因而花马池之名应始于明朝。

花马池的名气大起来是在明朝正统八年（1443年），朝廷准奏西部守边大将在它的旁边建起了一座城，这座城凭借花马湖而命名为"花马营"或"花马大池"。这座城的建筑时间是有争议的，正统八年（1443年）筑城之说来自清朝光绪《花马池志迹》、民国《盐池县志》，宁夏史志专家陈永中先生考证认为是正统元年（1436年）筑，宁夏史志专家孙生玉考证认为是正统元年（1436年）史昭提出设置建议，正式首筑时间是正统二年（1437年）春。

在花马池建城，事出有因。

永乐八年（1410年）一月，明成祖朱棣为彻底清除鞑靼威胁，亲率大军北征，宁夏总兵陈懋等随征，次年一月，以柳升为总兵官镇守宁夏，鞑靼阿鲁台之子失捏干抢掠宁夏黄河以东地区，宁夏都指挥王俶败死，花马池地区形势异常严峻。宁夏总兵官都督同知史昭奏："以宁夏孤悬河外，东抵延绥二千里，旷远难守，请于花马池筑哨马营，增设墩堠，直接哈剌兀速之境，边备大固。"城筑起来了，以花马池来命名。花马池营属于宁夏镇东路，驻守的官军是从西安等卫调来的，但不固定，是轮班防守，其守将职务是右参将。右参将，即宁夏东路参将。花马池驻军粮料先由宁夏镇支，后由定边营支。

英宗天顺四年（1460 年）十二月，鞑靼一部扰掠花马池和兴武营，因花马池城在大漠之畔，"孤悬寡援"，又向西南方改筑，为今盐池县城。但当时并不叫盐池县城，而叫花马池城，即为政区名称。

花马池营建 60 多年后，即弘治十五年（1502 年）又置花马池守御千户所。卫所是明朝的主要军事建制，卫下辖千户所，千户所下辖百户所，百户所下辖总旗，总旗下辖小旗，小旗是最基本的作战单位。守御千户所是独立建制而不受卫的约束，一般分布在要害地区或两卫之间无法衔接的部位。花马池守御千户所即是如此，可见其军事地位之重要。将花马池营提升为守御千户所是因为成化十四年（1478 年）秋，鞑靼小王子以 10 万之众分别攻掠盐池（今惠安堡镇老盐池，下同）、宁夏、固原等地，大掠而退。鞑靼小王子攻掠盐池、宁夏、固原等地都是突破花马池防线而进行的。于是成化十五年（1479 年），开始议奏提升花马池营的军事地位，设置花马池守御千户所，但仅仅是奏议而没有设置。到成化十八年（1482

年）春，鞑靼部众 3 万余骑围攻灵州，为总兵李祥、指挥仇钺率军击退。这一年六月，鞑靼一部袭扰清水营后大掠而返。孙生玉先生考证："弘治六年（1493 年），正式上报并被批准升为守御千户所的时间；弘治七年（1494 年）八月，乃正式任命千户所官员的时间，即花马池守御千户所创立的时间。"如果说创立时间即正式设立时间，那么，花马池守御千户所设立的时间就不是弘治十五年（1502 年），而是弘治七年（1494 年）。

此后，弘治十三年（1500 年），鞑靼小王子又以 10 万骑从花马池、盐池，攻掠、散掠固原、宁夏境。这年八月，鞑靼火筛诸部进攻宁夏东路。此后，鞑靼部多有攻袭，明军加强防御，但经常损兵折将。到正德元年（1506 年）改花马池千户所为宁夏后卫。将花马池守御千户所提升为宁夏后卫，是总制、右都御史杨一清奏请明武宗同意的。

宁夏后卫设花马池营和兴武营两个守御千户所，下属三个堡寨：安定堡、柳杨堡、铁柱泉；领有烽堠 30 座，驻军 5202 名，（实际驻军 1814 名），马匹实有 594 匹。《万历朔方新志》载花马池营（驻副将）分防安定堡（设守备）、铁柱泉、高平堡三个城堡；兴武营设东路游击府，驻游击将军，分防毛卜喇叭堡、永清堡（今英雄堡）两个城堡。

此外，花马池城还设有总督府、都察院、防秋道衙（明代三边总督驻固原城,每年秋季到长城沿线巡防,叫"防秋",故在花马池设防秋道衙)、部道亭、游击府中军厅。花马池千户所镇抚司、经历司亦设于此。

宁夏后卫设立30多年后,明朝廷曾准备把陕西三边总制驻地由固原移至花马池。《明实录》载,此建议提出时间是嘉靖十八年(1539年),提出者为礼部祠祭司主持许论,此建议遭到时任总兵刘天和的强烈反对,最终没有结果。

但过了88年,即天启七年二月(1627年4月4日),花马池由宁夏后卫上升为镇,其军事地位和延绥镇、宁夏镇相同,为三镇鼎立的西部防线。将花马池升为镇是时任宁夏巡抚、右都御史史永安上疏提出的。同年四月,兵部批复同意将花马池改为镇,七月,任命原任山海关总兵孙显祖任花马池镇总兵。

花马池上升为镇也是形势所迫。嘉靖十八年(1539年)之后,西部边地战事不断。隆庆三年(1569年),鞑靼绰力兔、小黄台吉等部屯于黄河以东地区,宁夏总兵雷龙领兵出兴武营袭击。这年十一月,吉囊部屯兵于白城,三边总督王崇古发宁夏等镇兵,由花马池出境袭击。次年六月,三边总督王之诰至花马池,调宁夏、延绥、西等地兵,分路出境反击鞑靼,大胜而归。隆庆五年(1571年),明穆宗应俺答多次请求,于是年三月封俺答为顺义王,将其所居之地命名为归化城(今内蒙古呼和浩特市),并允其互市之请。这年六月,谢朝恩任宁夏总兵官,八月允许鞑靼互市于宁夏清水营、红山墩。战与和都事关花马池边防,于是史永安上疏将花马池上升为镇。

花马池上升为镇一个多月后,明熹宗皇帝病故,崇祯即位,崇祯皇帝内外交困,无暇西顾,新添花马池镇不了了之。明王朝在农民起义军打击下,很快灭亡了。

清初沿袭明制。顺治三年(1646年)置花马池营及兴武营两个军事据点。雍正三年(1725年)废卫所改称府、州、县,宁夏后卫废除,改为灵州花马池分州。民国二年(1913年)设立盐池县,隶属于朔方道。花马池地名退出历史舞台,一变而成盐池县。

野狐井

正德元年(1506年)花马池升为宁夏后卫,所辖花马池营下属三个堡寨:安定堡、柳杨堡、铁柱泉。过了107年,即万历四十一年(1613年),又领一屯堡——野狐井。

野狐井位于盐池县城西南20公里处,属王乐井乡边家洼村。

野狐井古城坐落在西高东低的山坡上,东侧有溪流。城址为矩形,边长220米左右,四隅有角台,门面东开带瓮城,部分瓮城已被沙丘压埋。城墙依然巍峨，外围沙丘淤埋；城内低洼，城墙尤其高耸。登高望城垣四周，其势不弱当初。城砖早已被拆除了，芳草缘沙丘蔓延至城墙上，一片荒芜。芳草连天，沙丘起伏，古城在连天芳草中古意悠扬。看着野狐井古城不由想到柳宗元《登柳州城楼寄漳汀封连四州》诗。

　　城上高楼接大荒，
　　海天愁思正茫茫。
　　惊风乱飐芙蓉水，
　　密雨斜侵薜荔墙。
　　岭树重遮千里目，
　　江流曲似九回肠。
　　共来百越文身地，
　　犹自音书滞一乡。

　　这里当然不是"百越文身地"，更不会"音书滞一乡"，但历史在这片土地上留下了这么厚重的一笔，确实把人带到了远古的境地了。"城上高楼接大荒，海天愁思正茫茫。"城上没有高楼，但城墙却远接着大荒，大荒芳草生生灭灭，荣衰不由己。历史一路行进，苍茫的过去与欣欣向荣的未来，总是在血与火的考验中步步靠近，"海天愁思正茫茫"，我们需要这样的愁思吗？但触景生情，愁思自在其中了。

　　古城东北高台上有一座烽火台，带坞城，坞城周回 60 米见方，门面南开，烽火台筑于北墙正中，残高约 8 米，保存较完好。

　　一地两城，狄青与双羊公主大战野狐井的故事就流传开来了。

　　传说双羊公主被狄青追到寄甲山，急忙解下 180 斤重的金盔银甲，藏在山峁上，轻装北行至野狐井，两军对垒，对垒中自有一番大战，大战中狄青多次失败，被迫逃在沟西筑一城堡（即野狐井城），养精蓄锐以图再战。双羊公主多次叫战不出，于是在东巅上修一小城（即坞城）等待战机。立于坞城可以窥视狄青的动向。每见狄青英俊并治军有方，双羊公主便产生了爱慕。在一次交战中，双羊公主将狄青生擒，逼他成婚。狄青和双羊公主成婚后，西夏和北宋王朝也从此罢战。

　　这只是传说，两城的建筑年代当是明朝，题筑人是总制黄嘉善和巡抚崔景荣。

　　黄嘉善，《明实录》中有记载，宁夏《万历朔方新志》中有小传，字惟尚，号梓山，明代即墨人，生于嘉靖二十八年（1549 年），卒于天启四年（1624 年），终年 76 岁。黄嘉善于万历四年（1576 年）中举人，万历五年（1577 年）考中进士。初入仕途，为叶县县令，政绩卓著。万历二十三年（1595 年）升为山西按察使。万历二十九年（1601 年），又升为左金都御史巡抚宁夏。万历三十二年（1604 年），加黄嘉善为兵部右侍郎，仍然巡抚宁夏。自万历二十九年至万历四十六年（1601—1618 年），黄嘉善在夏镇的花马池（即今盐池县）等边地任职近 20 年。

其间，负责用砖石包了铁柱泉城、惠安堡城。黄嘉善巡抚宁夏之后又总督三边军务，万历三十六年（1608年），和崔景荣负责修筑了野狐井城，又主修了今盐池县安定堡城西四座战台（敌台），并撰写了碑文。他的足迹留在了宁夏，也留在盐池县地。某年正月初一夜晚他写下《元日宁夏题壁》一诗：

> 天涯留滞客愁新，
> 枕上俄惊爆竹频。
> 春到贺兰家万里，
> 青山应笑未归人。

崔景荣，大名长垣（今属河南）人，字自强，明万历十一年（1583年）进士，万历三十九年（1611年）任宁夏巡抚。崔景荣一生为官廉洁，刚直不阿，特别是在天启四年（1624年）升吏部尚书后，不畏阉党权势，多次回绝魏忠贤的宴请与拉拢，并在官吏设置与任用等方面，同魏忠贤进行了卓有成效的斗争。

野狐井村子在两城之间的溪流北岸上，农舍高低错落，院墙内外多有杏树，树木葱茏，掩映着农舍，村庄一片幽静。村子东南坡下，溪流环绕的一处平滩上生长着茂密的柳树，柳树一棵挨着一棵，形成巨大的绿团。走进树林，浓荫覆地，阳光透过树林洒下细碎的光斑，鸟鸣声声，却不见踪影，驻足静思，天高地远，真有"结庐在人境，而无车马喧"之感。

1947年3月，马鸿逵部队进犯三边，盐池县城失守，正在三区（今王乐井乡）进行土改工作的队员李岐山、蒲正仁、录兆贵、郝成鸣没有来得及撤出，就地隐藏在哈巴湖、野狐井一带。郝成鸣在回忆录《难忘的三个半月》中写道："（1947年3月某日）下午，队伍（一乡、二乡的干部和民兵）撤到野狐井东面土城旁的草滩上，干部和民兵共有二百多人，除土改工作队和区干部有十来支枪外，其他人都拿的是红缨枪，还有好多拿铁锨、木棒的。接着，各村的老百姓也都拖儿带女，赶着毛驴驮着东西跟上来了。

工作队员辗转隐藏在哈巴湖、野狐井一带，得到了当地许多村民的关心帮助。一天晚上掌灯时分，郝成鸣安全地转移到了野狐井石占忠家。

野狐井居住的石姓人家和郭姓人家，都是老户，他们一代又一代传承着野狐井厚重的历史文化，我们期待着他们在新时代创造出新文化，过上更加美好的幸福生活。

摆宴井

大水坑镇有个古老村庄叫摆宴井，坐落在大水坑镇西南方、大麻公路西侧的一块洼地上，这块洼地是麻黄山北麓下广阔原野里的一个山窝。走进村庄，阳光把古老的村庄照耀得古色温润。

谁在这里摆过宴？传说有四种，一是康熙皇帝微服私访到这里，村民给他摆过宴；二是明朝庆王朱㮵招待牧场官员时在这里摆过宴；三是鄂旗小王子（佚名）会见宋朝大将狄青时在这里摆过宴；四是唐朝郭子仪护送唐肃宗李亨回长安路过这里，为款待助唐讨伐安禄山的各少数民族将领摆过宴。

康熙皇帝微服私访路过这里，村民为其摆宴的传说由来已久，后收入到《盐池县志》（宁夏人民出版社，1986年）。

朱㮵是朱元璋第十六子，洪武二十四年（1391年）四月初一，即他13岁时封为庆王，洪武二十六年（1393年），他15岁时到宁夏，先住在韦州，建文三年（1401年）移宁夏镇城，即今银川。他在宁夏生活了40年，大部分时间住在罗山，死后也埋葬在罗山脚下。

史载庆王朱㮵曾把枸子山选为他的牧马场。

明朝中期，灵武监管理清平苑和万安苑，此二苑包括了今麻黄山乡的大部地区，同时也包括了今惠安堡镇南部地区。据说万安苑就是今惠安堡镇林家口子村的万家原。万家原是惠安堡镇南部约20公里处、银—西公路东部大山上的一处平地，这处平地现有万家原、代家原等以"原"命名的9个村子，万家原自然村内有一座古城堡，但只有一个墙角的痕迹。在建的银—白高速公路穿村而过。这里为明朝时期的牧马场,应该是属于朝廷管理,不属于朱㮵庆王府经营的牧马苑。

摆宴井南部大山就是枸子山，庆王朱㮵的牧马苑就在这儿的大山里，朱㮵很有可能到摆宴井设宴招待本府牧马苑官员。

鄂旗小王子（佚名）会见宋朝大将狄青在这里摆宴之说出自陈步瀛编的《盐池县志》："摆宴井，在惠安堡东七十里，俗称鄂旗小王子（佚名）会宋将狄青摆宴处。"

狄青，宋汾州西河（今山西）人，宋仁宗宝元元年（1038年）为延州指挥使，这年十月，李元昊在兴庆府筑坛受册，即登皇帝位，是年30岁，建国号大夏，改元为天授礼法延祚元年（1038年）。过了两年，即宋仁宗康定元年（1040年）一月，李元昊领兵数万攻延州（今陕西延安），发生了"三川口（今陕西延安西北）之战"。"三川口之战"以夏军胜宋军败而结束。

第二年，即宋仁宗庆历元年（1041年），夏军攻渭州，随即发生了好水川之战，此战宋军又大败。

史载范仲淹、韩琦皆看重狄青，二人一见狄青，便认为他是个奇才，对狄青厚礼相待。范仲淹教狄青读《左氏春秋》，对他说："将帅不知古今历史，就只有匹夫之勇。"西夏李元昊反叛，朝廷任命狄青为三班差使、殿侍兼延州指使。狄青与夏军作战往来于这一带，与鄂旗小王子接触极有可能。但接触地点是否在摆宴井，也存疑。

大水坑镇二道沟村北部曾有一处古墓，墓地有石碑一通，书"狄将军之墓"，墓前曾有石桌、石凳、石猪、石羊。当地村民认为此"狄将军"即为狄青将军，此墓即为狄青之墓。村子西北约3公里处有一座古城堡，城堡被一条红砂石深沟锯为南北两半，沟深15~20米。此红砂石深沟应该是在该古城废弃之后由山洪冲击形成的，沟深如此，没有上千年的时间是无法形成的。据此，村民认为该古城是狄青将军修建的城堡。

鄂旗小王子（佚名）在摆宴井会见宋朝大将狄青，并设宴之说，作为民族融合的美好愿望，让它流传下去吧。

唐肃宗李亨是至德元载（756年）七月十二日在灵武登基，即皇帝位，升灵武郡为灵州大都督府。八月，郭子仪等领兵5万余人由前线到灵武，唐肃宗李亨以郭子仪为兵部道书兼任灵州大都督府长史。唐肃宗等离开灵武南下至彭原郡是否路过摆宴井，至今未见确切史料记载。

摆宴井，沐浴着温润的阳光，从历史深处一路走来，有说不完的故事。

1935年7月，西征红军十五军团经二道沟、黄记井到摆宴井，然后抢占小台子、萌城、预旺县城及其以北地区，完成了西征作战的第一阶段任务。

中华人民共和国成立后，摆宴井属于六区（今惠安堡镇）管辖。

1972年，长庆油田采油三厂钻246队在摆宴井村西800米处开采了盐池县第一口油井，名为21井，拉开了盐池县石油开采的序幕，摆宴井油田当时探明石油储量465万吨，开采油井、水井47口，年产原油8.5万吨。

边外食谭

文 / 闵生裕

盐池是个好地方，三边四地好风光。盐池位于陕甘宁内蒙古四省区交界地，在长城内外，许多特色美食体现了游牧文化和农耕文化在这里的交流融合。一方水土一方人，一方人一方吃食。盐池人清醒地把本地文化称作"过路文化"，盐池人有五湖四海的包容精神，即对外来文化的接纳与改良，其中包括饮食。

乡宴上的蒙古大茶

中国是茶的故乡，而且南北的茶文化差异很大。说起喝茶，我最佩服福建人。福建人对于茶的热爱是无以复加的。在闽南，有一句谚语叫"宁可百日无肉，不可一日无茶"；在闽北，也流传着一句"宁可三日无粮，不可一日无茶"的俗语。在福建人的心目中，喝茶的重要性，远远超过了喝酒，堪与吃饭相提并论。

中秋节回到盐池，赶上亲戚家孩子的婚宴。近年来，盐池婚宴被内蒙古的婚俗文化抢了风头，除头

天晚上的夜坐大宴宾客外，第二天一大早吃盐池的羊肉臊子荞面饸饹。待到十点半左右，隆重推出蒙古大茶。所谓大茶，从配置上来看非常豪华。在盐池，蒙古大茶成为婚宴的标配，婚庆当天有专门司茶的班子伺候宾客。设宴的主家为他们专门搭一个大帐篷，他们自带茶炉、茶桶、茶壶、茶碗，主家提供熟肉、面点和水果。

茶台是一个有七八米长的铺着红色台布的台案，一次可坐三四十人。茶台顶头有个冷风机，制冷气并通过盘在茶台上的管子输送冷气，大概是为了面点、水果和冷肉保鲜。茶台上唯一的也是最硬的一道菜就是羊背子，即煮熟的冷肉。盛羊肉的器具是配着公羊角装饰的轮船状的托盘。旁边酥油、奶酪、奶皮、炒米、炒豆香气四溢。至于摆放油香、馓子、炉馍、月饼、点心等各色面点的架子也造型别致，特别很有层次感。秋天是丰收的季节，西瓜、香瓜、葡萄、桃子、枣子、香蕉、橘子、黄瓜、柿子等新鲜水果五彩缤纷，但在这个大茶台上，在羊肉和各种奶酪面前，水果只能是配角

和装点。

桌子顶端还配着招财进宝的像盆景一样的装饰品，其间有鲜花、绿植和宝塔、彩灯，红光绿光蓝光不时闪耀，置身其中，如入蓬莱仙境。对面一个来自城里的姑娘，边吃边感慨：太有感觉了！太有感觉了！什么感觉？是壮观，是魔幻，是神奇？我估计是一种说不出的美。以我有限的想象力，传说中的王母娘娘的蟠桃会也莫过于此吧。

绕着茶台穿梭的服务员，提着奶茶壶，给每个客人添上热乎乎、香喷喷的奶茶，再取一块冷羊肉和奶酪泡上，那叫一个美。而泡过羊肉、奶酪的奶茶再喝起来那叫一个香。这一番操作后，让人从舌尖到肠胃，无一处不熨帖。这不仅是一场味觉盛宴，更是一场视觉盛宴。盐池人说麻花子不吃——爱的是那股子拧劲。到这样的场合，就算是你没有胃口，吃不了多少喝不了多少，姑且来看热闹，也是一种美的享受。蒙古大茶的场面即使在内蒙古也没这么大排场。至少草原上的水果没有这么便当，草原上的女人活粗，不会像盐池人能做这么多精美的面点。

如今，盐池人的日子好过了，也不指望办喜事收那点份子钱，相反，热情好客的盐池人大大方方地让客人们吃好喝好。这有点像是吃散饭的意味，即通过喜庆大事，散财布施。农村人在红白喜事上的奢华固然有些铺张浪费，说来有点烧

包。但他们内心舍与得的哲学在这个日子体现得比较充分。我舅舅常常这样说，大吃大喝大发财，求求毛毛挣不来。在我姥爷的葬礼上，宾客们吃掉了 29 只羊，这话听了谁都不信，但我的确没有吹牛。

作为宁夏的牧区，盐池人的饮食习惯也不可避免地受草原文化影响。这里有中国最好吃的羊肉，盐池人也愿意在婚庆大事上自豪地展示地道的羊肉。一般的乡村婚宴，别的食材厨师可以自备，但羊肉必须是自家的，而且选的是上好的草羊。比起端午节参加隆德的罐罐茶大赛时喝罐罐茶的简约，福建人喝工夫茶的细腻，盐池人喝蒙古大茶实在是豪横。捣罐罐茶是穷人的茶文化，喝工夫茶是八闽人的雅文化。蒙古大茶是油腻了些，大概算是俗文化。蒙古大茶的主题不是喝，似乎是吃。

说来有意思，南方人喝工夫茶，小壶泡，小杯倒，小口呷，但他们叫吃茶。而盐池婚宴上蒙古大茶用大桶熬、大壶倒、大碗盛，而且大块吃肉，大口吃面点、奶酪和各色水果，但却不提一个吃字。从前盐池婚宴当天早上，本来就有喝茶的习惯。比如，新娘还没娶进门，但远近的客人陆续来了就请进门，坐下来喝老砖茶，茶点是油饼、馓子、炉馍，还有一盘炝拌黄萝卜丝。

南方人可能会只为喝茶而喝茶，而且喝得那么认真那么细腻。北方人大多把喝茶当作一种礼遇，

待客的一段序曲，吃席喝酒才是真正的主题。当然，客人来了，嘴不能闲着，先喝着吃着，过阵子酒席开始要放开肚皮吃，甩开膀子喝。在盐池人眼里，酒上头，拿神经，喝酒有劲，喝茶没劲，只会撑肚子。

如果你踏遍万水千山，把南北的茶喝烦了，请到盐池草原来，赶一场七荤八素的乡村喜宴，喝一场荡气回肠的蒙古大茶。底子打好了，然后，吆三喝四地划几拳，叮铃哐啷地甩两砣，再五迷三道地醉一场。这样，盐池人会拃起大拇指说："没麻达，这个亲戚扛硬得很！"

边外奶香

人人都说故乡好，几人能在故乡老。人的味觉是有记忆的。关于故乡的舌尖上的记忆，最为美谈的莫过于魏晋时的张季鹰。《世说新语》记：张季鹰辟齐王东曹掾，在洛，见秋风起，因思吴中菰菜羹、鲈鱼脍，曰："人生贵得适意尔，何能羁宦数千里以要名爵？"遂命驾便归。俄而齐王败，时人皆谓为见机。据说当时张季鹰还写了《思无江歌》：

秋风起兮木叶飞，
吴江水兮鲈正肥。
三千里兮家未归，
恨难禁兮仰天悲。

无论怎么说，以贪恋美食的名义辞官回归去，以饱口福，张季鹰算是古今第一人。鲈鱼莼菜虽不至于使人弃官归乡，但尝过的人都会对鲈鱼的肥美细腻鲜香和莼菜的滑润鲜美爽口留下深刻印象，天真率性的张季鹰本来就寄意乡愁，移情美食也就不足为奇了。

我也是个吃货，我觉得盐池除了众所周知的滩羊肉外，还有很多充满诱惑的人间美味。如果我退休了，基本上也就是八十岁的老太太嫁给卖面的——光图日囊，不图生养，到那时，吃可能是头等大事。所以，我一定回到盐池，过田园生活，吃乡间美食。

民间的"四大香"说的是"猪的骨头羊的髓，麻亮亮的瞌睡小姨子的嘴"。这句话前半句说的是实的，即食物味觉，后半句以通感的修辞手法，引出要说的关键内容，即人的感觉。虽有点俗，但民间的俗语乃至酸曲小调，哪个不带点荤味儿。一般来说，大凡人间烟火，荤的总比素的有趣有味。毕竟他们多是村莽野夫。每每忆起儿时的美食，觉得许多味道久违了，现在吃什么东西都不香了。这是我们对人自身变化的反思。如芋老人说的："犹是芋也，而向之香且甘者，非调和之有异，时、位之移人也。"这是食材外的因素。

某一天我想起一个问题：世间最好吃的东西是什么？以我五十多年的舌尖记忆，排名第一的是羊奶皮，酥油渣次之。奶皮吃起来油滋滋、香喷喷、脆生生，咽下后口喉间余香犹在。有人说这两样东西的香是能从舌尖香到脑子和骨头里的那种香。出走半生，我也吃过不少天南海北的美食。但是，如果遵从我的味蕾，只有奶皮和酥油渣，二者素面朝天，不用加任何佐料，却甘之如饴、余味悠长。

为了证实这个判断，我从闵庄四嫂家买了奶皮让个别盐池以外的资深吃货品尝，得到他们的一致赞美。

羊奶的吃法很多，那时我们常见的是做奶子干饭，就是在捞完米饭的米汤锅里兑几碗羊奶，烧开撒一把盐就可泡米饭，如果佐以酸菜、咸菜，味道妙不可言。那时山区没有新鲜蔬菜，羊奶最能下饭。另外，还可以做羊奶粥。对于当天不吃的鲜奶，就把它投入罐中发成酸奶，那时酸奶一般不是饮品，我是用来拌米饭和馍馍吃。口感极佳者当数奶皮子，因为它是羊奶的精华。

能否吃上羊奶，取决于雨水，雨水好的年份，羊的膘份好，就可以给小羊断奶。一年能吃羊奶的时间也就两三个月，尤其到秋后，羊奶会越来越少。一般攒两天的奶能做一张奶皮，说起来一年也就能做那么十来八张。而如此金贵的东西，一般只给老人、病人和贵客吃，再就是给重要的亲戚送。那时，每年我顶多能吃几牙奶皮。现在农民的饲草条件好，羊的膘份也好，但奶皮稀缺。有一个原因是盐池养山羊的人太少，多是以养肉山羊为主。所以，山羊奶是稀罕之物，吃山羊奶自然不易，至于吃山羊奶做的纯正奶皮，更是奢侈中的奢侈了。

内蒙古人做酥油用酸奶，用杵杠搅和分离出白脂肪，滤去渣滓，放温火上熬，水蒸发后，待颜色逐渐由白变黄，冷却后，即成酥油。但盐池人做酥油是用鲜羊奶，先是把羊奶倒在几个盘子里晾半天，每个盘子表面沁了一层生奶皮，挑出来攒着，大约一周后，能攒一大碗。最后将这些生奶皮倒入锅中炒炼，待油渣全部焦黄后，把酥油滗出。一般农家一年能炼两三斤酥油就很不错了。所以，酥油自然金贵。酥油有润肺益气、润肠通便、温胃健脾等功效。抛开营养和功效，若只说口感，虽然酥油渣是炼制酥油的副产品，但它的味道远远比酥油香。用它拌米饭或干面条，其味道妙不可言。

边外原上秋草黄，唯有奶香最不忘。秋天到了，今年盐池秋雨频降，盐池大草原的草色一定比往年更美。

咥搅团

最近在抖音上看美食，有各地做搅团的各种视频，唤起了我许多关于吃搅团的美好记忆。其中有一个老陕做的打搅团视频，还有老生眉户伴唱：

人生就在天地间,各人命运不一般。有人生来咥好饭,有人生来咥搅团。

饥者歌其食,劳者歌其事。陕西人的秦声秦韵从来不忘对生活的诙谐讴歌。民间说"男人嘴大吃四方,女人嘴大吃家当"。幽默的老陕由一餐搅团感慨个人命运,说来多少有点自嘲。万般皆是命,半点不由人。同样是人,人家愣怂地咥大餐,你娃逼苦得在这咥搅团——老陕对一锅搅团能有闲情自嘲,关键是咥舒服咧。这不是苦中作乐,而是乐在其中。

在物质生活相对充裕的今天,大部分人吃饱吃好不是问题。你看看抖音、快手上那些晒吃肉的人,或拎着螃蟹龙虾,或掂个羊腿牛排,甚至抱个猪头胡吃海塞。虽然吃得豪放,但吃相着实难看。当然,我知道这些吃货主播醉翁之意不在酒,这样吃是为了吸粉为了流量为了刷礼物,有的也是为了营销。否则,以这种吃法,用不了多长时间就会把自己吃废。轻者三高:血压高、血脂高、血糖高。另外,还有尿酸高。重者把自己吃成二师兄,大脑满满、大腹便便。

对寻常百姓来说,吃固然重要,但它不是生活的全部。即便是有条件,也不可能每顿饭都七碟子八碗子。其实,人的食量是有限的,吃多好并不重要,重要的是可口,吃得舒心。所谓口腹之欲,入口时得

要有口感,咽到肚子里得舒服熨帖。有时大鱼大肉吃腻了,还真需要一顿返璞归真的特色茶饭调剂。这或许是我们崇尚的极简主义生活方式之一。

搅团是穷人的饭食。从来没有人认为它是好饭。准确地说是粗茶淡饭。西北人爱吃,在宁夏,可能西海固、盐池、同心等山区人爱吃。因为搅团的主要材料是粗粮,比如苞谷面、荞面、豆面等,相对细粮而言,粗粮糙,适合粗加工。搅团为什么是穷人美食?因为是可以将就的饭菜。比如头一天或上一顿剩下的米饭不好处理,加水熬粥,加面搅和。这叫合理利用,也是勤俭节约的传统。

粗茶淡饭做出风格,亦能成为美食。相传朱元璋在打天下的时候,有一次打了败仗,逃到了一个农户家里,农妇把自己家仅有的冻白菜帮子和一点冻豆腐,还有捡来的土豆放到锅里炖了。朱元璋饥饿至极,狼吞虎咽,觉得从来没吃过这么香的饭。就问农妇是什么饭,这么好吃。农妇不好意思直说,就说是珍珠翡翠白玉汤。后来,朱元璋做了皇帝,山珍海味吃腻了。一日,他忽然想起来,当年落难之时吃的那顿救命饭,于是派人到那家。农妇按照吩咐为朱元璋又做了珍珠翡翠白玉汤,可是他再也吃不出当年的味道了。为什么呢?物是人非。正如《芋老人传》里说的,犹是芋也,而向之香且甘者,非调和之有异,时、

位之移人也。

就像狗肉不上台杆秤一样，搅团一般是不用来招待客人的。原因可能是搅团是穷人家用来度饥荒的保命饭，登不了大雅之堂。过去人们吃粗粮是因为细粮不充裕。如今，当人们把好吃的吃腻了，就想吃点粗粮。从食不厌精、脍不厌细，到现在的吃粗粮、嚼野菜成为时尚。现在宾馆饭店吃大餐往往上几道粗粮，比如窝头、搅团、燕面糅糅、黄米糕等。看来人们的饮食理念也在悄悄发生着变化。我在网络视频上看那些人做搅团，无论是荞面的、莜面的，还是苞谷面的，都与我老家盐池的做法小有出入。陕西人做搅团全部用面，而盐池人做的搅团是米面混搭。也就是说，先用黄米或大米熬粥，熬糊了然后再加入干面用擀杖搅，搅团搅团，就是把面搅成团团。

农村人打搅团方便，因为那口大铁锅坐在灶台上四平八稳。尤其是一大家子人吃搅团，量相对要大。搅那一大锅虽然是件体力活，但挥舞个大擀杖搅搅团，说来也是一件很威武的事。有的人把打搅团说得有点玄，说什么搅七十二下、三百六十下云云。虽然搅到位的搅团质地细匀，口感好。我以为过分强调搅多少圈，多少有点故弄玄虚。

搅团搅好后，它的味道取决于汁子，陕西人称醋水，盐池人称盐水。汁子可繁可简。复杂点可以用新鲜鸡肉、羊肉或羊杂碎作汤水。但是，一般人认为搅团命贱、寒碜，与肉不是标配。搅团天生就适合配炒土豆丝、炒酸菜，或者炝点酸汤、浆水，调点咸菜酸菜即可，甚至调点辣子油、蒜泥醋或柿子汤也行。

子曰："贤哉回也，一箪食，一瓢饮，在陋巷，人不堪其忧，回也不改其乐。贤哉回也。"把粗茶淡饭吃出滋味，就是天底下最幸福的人。我常常想起当年在家里吃搅团的情形。夏日一家人去地里干活，天黑才到家，待母亲做好搅团已是掌灯时候。此时，凉风习习，无蝇无蚊，把小炕桌摆在当院，一家人围坐在一起借着月光吃搅团，是件非常惬意的事。

三秦大地，文脉厚重。以至于老陕吃顿搅团，能显示出某种无以名状的霸气。虽然就着油泼辣子加上蒜泥和醋调的汁儿，但他要的是酸和辣的那股子爨劲。贾平凹写咥搅团那股爽劲是吃西餐吃海鲜的人永远没有的。其实，人活着不就是图个舒坦快活吗？一顿饭吃出酣畅淋漓，吃出精神狂欢，这种物我两忘的境界，大概只有升斗小民和村莽野夫才有。

就馋那碗荞剁面

盐池是中国荞麦之乡，这里常年干旱，降水主要集中在夏秋时节，当主粮捉不住苗时，农民便打个时间差，种点荞麦之类的小杂粮，补偿旱年的收成。这大概也算是失之东隅，收之桑榆。荞麦属小秋作物，一般两个月左右熟。也非常适合倒茬歇地种植。由于生长周期短、生长速度快，对土壤的要求不高，适于半干旱地区种植。

每年秋天，盐池大地荞麦花开，微风拂过，花海泛波、摇曳生姿，远远望去，如繁星点点，似雪海茫茫。白居易写过"独出门前望田野，月明荞麦花如雪"；宋人王禹偁写过"棠梨叶落胭脂色，荞麦花开白雪香"；杨万里写过"霜红半脸金樱子，雪白一川荞麦花"。这几首描写荞麦花开的诗句均与雪有关。虽然荞麦花开时也有粉有红，但白色是荞麦花的主色。近年来，许多地方发展乡村旅游，荞麦花开时举办荞麦花旅游节。

荞面一度是盐池人民的主食，那时白面金贵，荞面是粗粮，两斤多荞面能换一斤白面。我家来客人，母亲只和一小团白面人够我爹陪客人吃，而我们只能吃荞面。吃厌了粗粮的人对荞面不大待见。上高中时，学校灶上要求学生统一交白面，有同学拿荞面充白面。不是他胡日鬼，实在是家里穷得没有白面。交完粮出了门，他一个长趟子跑了，生怕被库管识破。据说，后来荞面被认出，气急败坏的库管也不记是哪个娃娃干的。好在后勤上有个职工正好想吃荞面，用自家白面换回去了。

那时我们农村人都羡慕城市户口，农转非最大的实惠就是能吃到每月的三十斤的细米白面。我考上大学时，最自得的就是从此可以不吃粗粮。我接到录取通知书的第一件事是转粮油关系，如果毕业分配到地方工作，我就能手持粮本每月去工作所在地的粮库打粮。但是，后来我分到了部队，吃军粮，没有落户。

没想到多年以后，世道真的变了。先前吃得扎嗓子的黄米一斤能换两三斤大米，一斤荞面能换两三斤白面。黄米远远比我们当年羡慕的大米金贵，荞面的身价也比白面高出许多。

现在人们越来越注重养生，作为粗粮，荞麦的康养价值越来越被人们认可。当然，将粗粮做成美食，需要劳动人民的智慧。说起吃荞面，我们首先想到的是盐池的荞面饸饹。因为用床子压，适合红白喜事大锅大灶，一般一个床子压开了可同时供百人吃，那个场面想起来都蔚为壮观。

我在盐池红白喜事上吃过各种荞面饸饹，唯有在麻黄山那次最难忘。这里人吃荞面饸饹不是捞一碗面浇汤，而是把出锅的面捞在一个开水盆里过水。吃面的人各持一汤碗，有臊子汤、有酸汤，然后往汤里挑面。头天上的是酸汤饸饹，我这人向来无肉不欢，以前我吃荞面饸饹必须是臊子的。只见半碗清汤寡水的酸汤上漂着几片咸韭菜叶，顿时没了兴趣。本想吃一碗将就一下，没想到，一吃胃口大开，一口气吃了三大碗。

第二天吃羊肉臊子饸饹，平时我们吃饸饹，炒臊子是羊肉加青萝卜丁和土豆丁。但麻黄山人讲究，他们不炒土豆，因为土豆易糊汤，不清爽。他们将羊肉臊子和萝卜丁分别炒，然后加汤煮。麻黄山女人的锅灶那叫个好，她们把萝卜丁切得像绿豆大小。因为荞面饸饹吃油，要碗大汤宽。所以，臊子汤锅里还煮个大羊尾巴，看着都豪横。当几拨人吃过后，臊子汤淡了。于是，又往锅里加炒好的熟肉臊子和萝卜丁。现在盐池的红白喜事上，许多人未必惦记席上的大块羊肉，但那碗荞面饸饹总让他们心心念念。

荞剁面这种吃法在陕甘宁地区流行，尤其盐环定人最好这口。至于剁面，那是细活，是纯手工操作，更适宜居家吃。剁面用的刀是特制的剁面刀，与普通菜刀不同。刀长约45厘米，宽约8厘米，刀背两端安着两个木柄。剁面时，两手握刀，均匀用力。这看似简单，但如果没有长时间的操练，很难剁出均匀的面条。从工序上看，剁面不像用饸饹床子压或先擀后切，可以批量生产，一刀下去只有一根，如果功夫不到家，面条不匀，品相就差。

物华天宝、人杰地灵是人们对一个地方物产丰富和人才杰出的赞美。盐池是个好地方，这里有驰名全国的盐池滩羊，更有心灵手巧的盐池女人。有手好针线和好茶饭是盐池以前婚嫁女子的首选标准。有首信天游这么唱："三十三颗荞麦九十九道棱，二妹妹再好是人家的人。"

肉质鲜美的羊肉臊子与荞面堪称绝配。应该说，滩羊出盐池，荞麦生盐池，是盐池美食的幸运。在麻黄山、惠安堡、大水坑、青山、王乐井一带，农村主妇几乎都会做剁荞面。剁面是真正的技术活，已经被列为自治区级非物质文化遗产。

在定边一带，常有专业的剁面团队为红白喜事提供酸汤荞剁面。光剁面师傅得七八人，剁面时一字排开，堪称一道风景。我还在抖音、快手上看过环县的剁面美女，她可将推开的荞面摞双层剁。你不得不承认高手在民间。所以，当人们端起这一碗香气怡人的酸汤荞剁面时，吃的不仅是一碗面，而是富含地域特色的美食文化，是连着家乡人情与风物的乡愁。

近年来，荞剁面从农村进城，成为盐池早餐的一大特色。酸汤荞剁面清淡爽口，尤其是头天喝酒的人，第二天吃一碗酸汤荞剁面，顿时神清气爽。盐池人这样劝酒，你快喝求吧，喝多了也没事。明天早上一碗酸汤荞面一咥又是一条好汉。这话之前仅盐池人说，后来，银川几个资深传媒人磊哥、张涛、刘刚、老胥等也这么认为，其实，这几个吃货不仅会吃，光顾盐池的次数也多，这叫吃惯的嘴跑惯的腿。张富宝虽然最近初尝酸汤荞面，但也是一见倾心，赞不绝口。酸汤荞剁面之于盐池，相当于牛肉面之于兰州，油泼辣子面之于西安。盐池人越吃越依赖，越吃越自豪。

酸汤荞剁面好吃，一是面筋道口感好，更关键是汤。炝酸汤除了醋和辣子之外，据说少不了高菊花，高菊花不是盐池麻黄山的巧媳妇的名字，而是一种香草。陕北人叫泽蒙花，泽蒙花在陕北人眼中是一种纯天然的野生美味，经过晾干制饼后可长期保存，经过炝油后会有一股胜于葱花而的奇妙香味。

盐池人民喜食面食，包括凉皮、碗坨也常靠高菊花提味增香。高菊花晾干，放进热油锅里一炸，那香味一起，街坊四邻都能在家里闻到，出锅时撒上一把细盐，就是餐桌上不可缺少的上等调料。有了高菊花，哪怕只有一碗煮挂面都可以吃得特别香。高菊花炝的酸汤，再加上咸韭菜炝拌调制，散发出独特的食物魅力。盐池荞剁面何以如此自信？试想，没有天生丽质，谁敢素面朝天。

酸汤荞面出锅时，挑一筷子对折摆进汤碗，匀称整齐。在漂着红油花的汤上加一勺咸韭菜。而卧于面条下的是一枚精致的荷包蛋，它是这碗面的内核。除此之外，餐厅送两味小菜清脆爽口，有的是泡橄榄菜，有的是青萝卜丝、黄萝卜丝、芹菜丁。居家吃常有腌沙葱或酸沙芥佐之，那更是绝配。这让我想到孔子说的食不厌精，脍不厌细。

荞麦生长期短且易成熟，荞面下锅煮也易熟。面是手工细细剁成，下至锅中，一两滚捞出最筋道。我姨奶奶活的时候常说，荞面胳肢窝都能夹熟。农谚还说，荞面生，热炕腾；白面生，就打坑。就是说，荞面夹生了吃了没事，热炕焐会就好了。白面夹生吃了会出人命。这显然是经验之谈。

> 荞麦花开九月天，
> 酸汤荞面绕舌尖。
> 不觉唇齿留香气，
> 此间无肉亦清欢。

盐池的酸汤荞剁面颠覆了我对荞面的认知，原来素面也能做得如此精彩绝伦、活色生香。世间除了美人、美景不可辜负，美食亦不可辜负。在盐池，早上不咥一碗酸汤荞剁面是对一天的辜负。至于不常去盐池的人，去了若不咥一碗，那或是对一生的辜负。

农活里的民俗

文 / 张树彬

揭地

白香山诗云："农家少闲月。"

在盐池农村，一年四季几乎没有消停日子。揭地、耱地是重要农事活动。

揭地，在西北其他地方多称为耕地、犁地、耕田、犁田等。而盐池及附近陕甘地方则称其为"揭地"。揭地是个既累又乏味的农活，而盐池农村老百姓却能从中"揭"出趣味、"揭"出文化来。

揭地，开春第一件要紧事，要图个好彩头。

"二月二，龙抬头。"每到二月二这一天，盐池农民都要象征性地起犁揭地，俗称"出牛"。"出牛"前先要祭"枣山"。

"枣山"，是每逢腊月做年馍时，农村家家户户都要做的一个状如小山的大花馍。做花馍时，要在花馍上代表口、鼻、眼、耳、心窝、肚脐、腿弯、肘弯等部位各塞一枚红枣，其间点缀红绿颜色，上锅蒸出尺许高的枣馍，供奉于灶君神像前，俗称"枣山"。

🔷 盐池农民象征性地起犁揭地，俗称"出牛"。　摄影 / 何武东

二月二"出牛"时，先将"枣山"请到地头，撮土燃香、焚表，对着"枣山"进行一番祭祀，算是祭过土地山神。

然后便开始破土起犁，算是"出牛"了。

在盐池，二月二前后大地尚未解冻，还不能正式开犁揭地。"出牛"时，只是象征性地耕几犁，算是"破了土"，往后出犁时不会犯了忌讳。"出牛"仪式后村人便围坐在地头分吃"枣山"。"枣山"可没那么好吃。枣馍从年前腊月做成，到来年二月二已是经过了一个多月的风干、冷冻，又硬又干，根本啃不动。所以吃"枣山"也只是象征性地掰下一点，啃着吃了。其余带回家，回笼蒸了吃。

揭地，常规使用两头牛合拉一张犁（俗称"二牛犁"，也有"一牛犁"的），一人在后面扶犁，犁铧插入土中，人牛默契配合，徐徐行进，将土壤翻得松软。

犁铧上有一块被称作"犁镜"的构件。早年间犁镜为半圆，形似月亮，当地俗称"犁月儿"。直到20世纪五六十年代出现新式步犁，犁月儿才被称作犁镜。

犁镜由揭地人随意调节偏向（多向右偏）。揭地时，犁铧翻起的土则随着犁镜偏向倒向一边。犁铧划开的沟垄叫"墒沟"，被土压的一边叫"熟墒"，另一边尚未揭开的地叫"生墒"。

拉犁时两头牛并驾齐驱。其中右边为"墒牛"。墒牛，就是经过长期训练会"走墒"的牛。所谓走墒，就是能随着揭地人的"口令"，在墒沟里"领墒"的牛。左边一般为尚未经过训练不会走墒的牛，多为小牛。

早年间的犁杖比较笨拙，需在两头牛脖上横架一根木杠，将犁杖用绳索套在木杠上，俗称"二牛抬杠"。20世纪五六十年代后，犁杖技术有所改进，将两套绳索拴在一根叫作"炮杆"的木杠上，每套绳索拴到一件长二尺许、称作"牛夹（gá）子"的弯木上，分别搭在两只牛脖颈上。当地人把"二牛抬杠"叫"硬套"，这种新式套犁叫"软套"。"炮杆"中间拴着的一根粗绳索被称作"千斤"，意思是能承受千斤拉力，一头连着"炮杆"，一头牵着犁杖。

拉犁所用的套绳和"千斤"绳都是用当地芨芨草搓成，几乎没有弹性，牛拉起来能使上劲，不闪牛。

揭地没啥太大难度，农家男孩十二三岁后便能胜任。

套好犁后，揭地人右手扶犁，左手持鞭，将犁铧插入耕地适宜的深度后，走在"生墒"一边，赶着耕牛徐徐行进。每一犁的宽窄俗称"贪墒"，通常五寸左右。将犁把向左或向右倾斜时，"贪墒"会随着变宽变窄。

盐池地方春季风头高、雨水少，耕地易"跑墒"。春天揭地通常边揭边种，否则种子不易发芽。

不同粮食种植时间有先有后，往往相差数日或一旬时间，收成便已不同。盐池南部山区一般最先种豌豆，农谚有"豌豆种在九里头，收不收的打几斗"之说。

种豌豆通常不用耧。先以犁开沟，犁后跟一人，胸挂"粪斗子"（长方形木斗），盛上和肥料掺在一起的豌豆种，边跟犁走，边用手抓着扔进墒沟，俗称"抓豌豆"。下一犁翻起会把前面抓进墒沟的种子盖上，如此循环往复，一行行豌豆便种成了。拌种用（农家肥）肥多时，一把里面通常只有三五粒种子的叫"抓豌豆"；拌种用（化肥）肥料少时，只需用三指撮起一点点进墒沟，叫作"点豌豆"。

荞麦、燕麦的种法和豌豆的基本一样，只是播种季节前后不同而已。

盐池地方气候干燥，耕地揭过之后容易"跑墒"。所以揭过的地都要"耱地"，就是使用一种叫作"土耱"的农具，把揭过的地磨平、压实，可以减少水分蒸发。

耱的做法简单。先用细椽子或寸半木条扎出一个骨架，再以柳条（红柳、沙柳皆可）编成宽尺五至二尺、长五六尺的长方形木排即成。

套耱绳索和揭地完全一样，揭地时绳索后面挂的是犁，耱地时后面挂的则是耱。农人往往卸犁后，随即上耱。耱地时，人站耱上，牲畜拉耱缓缓前行，靠人体重量将地磨平、压实。人站在耱上要掌握好平衡。

春天揭的地，通常都是上年夏秋季节翻晒耱好的地。春天再揭一遍耱好，趁着墒情好时及时下种，所以通常边揭边种。夏秋季节揭地主要是为了"晒地"。

晒地最好是在三伏天。农谚说："伏天撬一棍，顶上一层粪。""伏里划上一鞭杆，能顶秋后揭三遍。"但是伏天时，大部分庄稼还长在田里，可以翻晒刚刚收割过的小麦、豌豆等夏粮作物"荐地"，其余耕地都要等秋粮收割之后才能翻晒。

秋天晒地叫"秋杀地"，虽不及伏天晒地，却要比春天揭的地好很多。所以农谚说："你有万石粮，我有秋杀地。"意思是说：只要把地晒下了，就等于把粮食存下了。庄稼收后还没来得及揭过的地叫"荐地"，揭过一遍叫"熟地"，熟地再翻晒，叫"倒地"。"倒地"就是倒着揭。如第一遍纵向揭，第二遍则横向揭。

耕地翻晒的次数越多越好，越能保墒。俗语有"揭三掺、倒三掺，管它天旱不天旱"之说。夏秋季节正是农忙季节，人力畜力有限，一般只能是揭一遍倒一遍，叫"两掺地"。再多揭一遍，就叫"三掺地"了。

俗话说：一年学成个买卖人，三年学不成个庄稼汉。种庄稼还真有不少学问呢。

摆耧

春种一粒粟，秋收万颗子。

播种是传统农事活动中最重要的一环，没有播种便没有收成。西北地区传统农作物播种的工具叫作"耧"，耧有两条腿的、三条腿的，盐池当地普遍使用两条腿的耧。

耧这种农具，一般由耧拐、耧腿、耧斗、凤凰台、耧籽筒、耧杆等部件构成。

耧拐，是架在两条耧腿之上长约一尺、直径寸许的一根横木。耧拐结构简单，有连接固定两条耧腿的作用，也是用耧播种时的把手。

耧腿，是安装在耧拐上的两根竖木，上部粗寸许，下部粗约二寸。每条耧腿的下部斜开一孔，前连耧筒。孔下开一小槽，用薄木板盖住小槽，再用细牛皮绳绑在耧腿上，形成一个可以漏下籽种的眼，叫"下籽眼"。耧拐下端安装筒形铁制耧铧，用于开沟播种。

耧斗，也叫"耧斗子"，是耧上放入作物籽种的漏器，结构为一个口大底小的长方形木斗，底部前高后低，这样的斜形结构，是为了漏器内作物籽种可以由下籽眼顺畅漏出，不留死角。耧斗后侧板下方开一口，和底板之间形成一个眼孔，叫作"籽眼"，用于将耧斗内作物籽种漏出。籽眼口处插有一块可以上下抽动的小木板，可以调节籽眼大小，控制播出作物籽种流量，确定播种疏密。籽眼内插有一块鸟舌状小铁片，叫作"雀舌子"。雀舌

◆ 耧地要手、脚、眼并用，做到"脚踏坷垃手摇耧，两只眼睛盯稀稠"，即边向前走边用脚踩碎耧铧翻起的坷垃，以免坷垃架住耧。　摄影／何武东

子后端露出籽眼处连接到一根竖弦上，竖弦下垂一个形如猴子、小人儿的陶制或铁制重物，俗称"耍蛋子"。播种时，摇动耧身，带动耍蛋子"咣当咣当"来回摇摆，雀舌子便在耧斗子底部左右搅拨，使作物种子均匀由籽眼中滚落出来，落入土中。

凤凰台，是耧斗下方一块平置的木板，用来搁置耧斗，且和各个部件结构组合，是整个耧的中枢，耧腿、耧斗、耧籽筒、耧杆都与其直接相连。凤凰台后部耧籽眼下方开有两个小孔，每个小孔上接一只耧籽筒。由耧籽眼淌出来的籽种跌落凤凰台后，再落入两个小孔进入耧籽筒。

耧籽筒，是用薄木板箍成的长约尺许、直径寸许的两只圆筒。一头接在凤凰台的两个小孔上，一头接在耧腿上开凿的小孔上。播种时，由耧籽眼淌出的籽种，经过凤凰台落入耧籽筒，再由耧籽筒落入耧腿下部的下籽眼，最后由下籽眼落入耧铧开出的小沟，随着耧铧的摆动，种子埋入土中。

耧杆是捆绑于凤凰台两侧的两根七八尺长的木杆，用来拴绳索、套牲畜，牵引耧向前开沟播种。耧杆另一个作用是通过调节其和耧腿之间的夹角，来调节耧铧开沟的深浅。

盐池农村把"耧地"也叫"摆耧"。耧地是个技术活，要由经验丰富的好手承担。耧地虽为农活，却也有大学问，要把握好播种稠稀、深浅及播种季节、墒情等。

比如关于播种疏密（当地人称"稀稠"），农人就有"针扎的胡麻卧牛的豆，麻子地里留车路"这样的农谚。意思是播胡麻要稠，间距如针线活一般；播豆子要稀，间距甚至可以卧得下一头牛；播麻子则更稀，连农用架子车都可以通过。又有"谷三指、糜二指，胡麻耧的串皮子"农谚。意思是播谷子需入土中三指，播糜子需入土中二指，胡麻则刚刚播入土皮之下即可。播种深浅要参考墒情而定。墒情好时，种子可适当播浅一些，墒情差时就要适当播深一些。

播种季节也有讲究："土旺耧胡麻，七股八格杈；立夏耧胡麻，秋后常开花。"意思是土旺季节（谷雨前九日和后九日为土旺时节）种胡麻正当时，胡麻分杈多，收成好。等到立夏时节再种胡麻，到了秋收季节常会返青，只开花不结实。又如"立夏高山糜，小满露土皮"，意思是山区海拔高地气凉，立夏仍可以种糜子，到小满时幼苗就能出土。又如"头伏荞麦二伏菜，三伏蔓菁长成怪"等农谚，都是农人对于播种季节的经验总结。

耧地时，牲畜拉耧在前面走，耧地人双手扶耧拐，左右摇摆跟进。

摇耧人要把"胳肢窝夹的蛋丢掉",意思是要在摆耧时两膀张开,大方摇耧,不能像胳肢窝夹着个蛋似的,通常也是初学耧地人易犯的毛病。

摆耧时,还要掌握好速度频率。摇耧频率高则下种稠,反之则下种稀。也要掌握耧地速度,速度快则摇耧频率也需放快一点,反之则要放慢一点,叫作"紧三步,慢三步,不紧不慢又三步"。否则就会过稀或过稠。

耧地还要手、脚、眼并用,做到"脚踏坷垃手摇耧,两只眼睛盯稀稠",即边向前走边用脚踩碎耧铧翻起的坷垃,以免坷垃架住耧,或坷垃后期压住幼苗出不了土。

双手摇耧时,还要随时用脚踩掉架在耧铧上的草根之类杂物,不使其将耧架住。还要两眼紧盯出籽稀稠,随时调节。如此繁杂的活计,没有娴熟的技术就会手忙脚乱。

耧地时,拉耧牲畜需有人牵引,农村通常叫作"拉耧的",一般由农家妇女、半大孩子担任。也有灵性牲畜训练有素,只需听从耧地人吆喝口令就能平顺拉耧播种,这样的灵性牲畜被称作"自带耧"牲畜。比如著名诗人李季于1945年前后在盐池县政府当秘书期间写成的长篇叙事诗《王贵与李香香》中就有"紫红犍牛自带耧"的诗句。

打场

西北农村秋收后最重要的农活就是"打场"。因为一年的收成,都在"场"上了。

打场就是打粮食,打粮食所用的场子称为"场",是一处平整且较硬的场地,设在村庄或农户之间开阔处。计划经济时代,每一个生产队必定有一个较大的"场"。改革开放后,每家每户都有一个"场",也有几户人家共用一个"场"的。

盐池当地把平整"场"的过程叫作"攘场",其实就是"造场"或"平场"。

准备造场时,先在距家门不远处选出一块较为平坦的空地,铲平修整后,使其整体基本处于同一个水平面上。用犁将土翻松,耙除草根、砖石杂物,耱平。遇透雨后二三日内地面仍旧潮湿时,将羊群赶到平整好的场地上来回奔跑,将地面踩踏瓷实,这个过程就叫攘场。

"攘场"不用牛马驴等大牲畜,只用羊只来承担这一重任,大概是因为只有羊只踩踏的场地更为紧密坚实。

"攘"好的场,要趁地面湿润时,用大牲畜拉上石碌在上面来回碌压,直到整个场面平整坚实,场就造成了。为了防止牛羊牲畜糟蹋粮食，通常会人工打上一圈土墙，将场围起来，称作"场墙"。场墙不能高过一米二三，过高影响粮食通风。

夏末初秋季节，庄稼渐次成熟。收割下来的粮食用"草襫子"捆成一束束小捆，叫"粮食个子"，粮食个子运到场上堆码成垛，叫"粮食垛子"或"粮食摞"。

秋季农活多，打场多于初冬季节开始。

打场先要铺场，就是把粮食个子从垛上挑下来、铺开成圆形。

场铺好后要晾晒一两天。粮食基本干透了，就可以赶碌打碾了。

打场用的石碌也叫"碌碡"，赶碌又叫"吆碌"，就是套上牲畜拉上石碌碾压庄稼。

石碌沿着铺好的庄稼外沿转完一圈后，下一轮放出半截滚子宽度继续碾压，周而复始，直到把全部铺好的庄稼碾压一遍，叫作"一漫"，然后二漫、三漫……直到庄稼颗粒基本脱尽为止。

一套打碌叫"一连碌"。农业合作社时，一般都用二连碌、三边碌，包产到户后一般只用一连碌。

翻场，就是将打碌碾好的庄稼用木杈翻起抖散，将打下的粮食和"衣子"（打场时碾碎的细枝末叶）抖落到最下层，重新铺好。翻场后，继续赶碌打碾第二遍。粮食通常经过两遍打碾后，就算"打细了"。

粮食打细后，多半已是下午近傍晚时分，这时不能休息，要赶紧"起场"。就是把打细的粮食及衣子收拢成堆。否则夜间突降大雨粮食受潮，一年辛苦就泡汤了。

◆ 扬场　摄影 / 何武东

起场时，先用木杈把打碾过的粮食柴草抖出来，堆成大馒头样的大垛；将打下的粮食籽粒和衣子一起抖落到场上，再用推板、杈把、木铣、扫帚等农具将粮食籽粒和衣子一起拢到场中心堆起来，叫作"细籽堆"。细籽堆通常要用苫布或刚刚抖出的柴草苫好，防止夜间或来日降雨受潮。这时，起场才算是告一段落，农人放心收工回家，准备择日进行扬场。

扬场要有不大不小的好风，一二级风最好。

扬场人持木铣在细籽堆和风向垂直方向一侧站稳，用木铣撮起细籽向上三四米高处稳健扬出，受风力和重力影响，细籽堆中的饱满籽粒、秕子、衣子和细土下落时有远有近，饱籽、秕子、衣子和细土便分出层次来。

扬场是个较高难度的技术活，不是所有农人都会。高手将细籽扬到空中时，散开成三角状，落下来的粮食籽粒固定落在一定范围，堆成圆堆状，叫"净籽"。生手扬出去的细籽要么粮食籽粒随风和衣子一起被刮跑，要么像抛出一铣土一样成团落下，俗称"屙蛋"，都是要不得的。

好的扬场把式通常会站在上风处，持铣铲籽，一抑一扬，如音乐节奏般流畅优雅。

些许碾碎的秸秆和粮食籽粒轻重相差无几，扬起落下时仍和净籽混杂一起，需要专门一人站在净籽堆上风处拿扫帚来回轻轻划拉，将秸秆扫到净籽堆下沿底边，叫作"打扫"。打扫看似出力小、活儿轻，技术要求却高，需要行家把式才行。

扬场最遭罪的活儿要数"接把"，就是站在净籽堆下方，用秃扫帚把"打扫"划拉出来的秸秆扫到一旁，使净籽和衣子堆之间留出空当。这些秸秆中还夹杂着净籽，要用筛子将秸秆筛除后再扬到净籽堆上。接把人通常站在净籽堆下方干活，正是风向下方，衣子和土劈头盖脸落下，那份难受可想而知了。

盐池当地五谷粮食中，胡麻最难扬。因胡麻籽又小又轻，用庄户人的话说："胡麻籽长着膀子，会飞呢。"所以扬胡麻时很难把籽粒和衣子分开，需要老把式才行。当地农人调侃说："扬胡麻，捉贼娃！"意思是说，扬胡麻像捉贼娃子（小偷）一样不容易。

净籽扬出后，还要再扬一遍，把净籽中的"饱子"和"秕子"分开来。"饱子"成为口粮，"秕子"用作饲料。这个过程就不叫扬场了，而是叫作"𫭢粮食"。𫭢粮食和扬场过程差不多，也需有一人打扫。𫭢粮食技术要求更高，非老把式不能为之。粮食𫭢过后，装袋入库，打场农事才算完成。

盐池 "老行当"

文 / 周永祥

酿醪酒

晋人江统《酒诰》云：酒自所兴，肇自上皇。一曰仪狄，一曰杜康。仪狄、杜康皆是中国古史中传说人物，其所处年代与大禹同时或者稍后。《四库全书》认为周、秦间人所作《素问》中有皇帝与岐伯讨论"为五谷汤液及醪醴"的记载。其中"醪醴"即指醪酒。明代医学家张介宾注："汤液醪醴，皆酒之属。"《汉书·文帝纪》载："为酒醪以靡谷者多。"颜师古注："醪，汁滓酒也。"史料所载之醪酒，即米酒也。

盐池地方酿醪酒，大约始于清末或更早。

光绪年间，有一陈姓四川人辗转来到花马池经营醪酒作坊，后于1920年前后因年老思归返乡停业。河北人老崔，大约于1918年开始经营醪酒生意，1920年前后因病返回故里。1930年河南人庞尤崔在花马池经营醪酒作坊，1944年因病停业。这些人因生计所迫，辗转来到盐池或开设老酒作坊或担担售酒，皆使醪酒酿造在当地有所传承。

后来居上者，为魏家醪酒。

清朝末年，有山东东阿县范九店乡魏记河村人魏蛟（又名如红），用一根扁担挑着不满周岁的儿子魏长玉逃难来到花马池地方落户。魏蛟早年随父亲学武，打得一手好拳，因此参加了当地哥老会组织，因在其灵州花马池分州哥老会头目中排行老九，人称"魏九"。

1911年，以花马池鸦儿沟人高登云为首的灵州哥老会配合辛亥革命竖起反清大旗，夺取灵州城。后起义失败，高登云、魏九等哥老会骨干成员遭到清政府通缉。风声过后，魏九为了生计先开豆腐坊，后拜庞尤崔为师做醪酒，担担售卖，时称魏家担担醪酒。

魏九于1930年去世，其子魏长玉承接父业。

魏长玉接过父亲手艺后，用扁担一头挑着风箱火炉，另一头挑着醪糟罐和糖水罐在花马池城沿街售卖。遇乡下庙会时，也不放过赚钱机会，每年三月三灵应山庙会、三月十八石山子庙会、三月二十八田记掌庙会、四月八铁柱泉与安定堡庙会、五月十五马场井庙会，都能见到魏家担担醪酒。

魏家醪酒一直经营到1960年前后粮食低标准、买不到糯米时停业。

此后，魏家人迁入青山乡营盘台红庄村落户。1981年魏长玉之子魏世杰返回县城，靠半袋糯米起家，继承祖业，逐渐将醪酒生意越做越大。不仅满足县城零售，而且满足周边定边、鄂托克前旗等地群众牧民婚丧喜事宴会需求，年销售醪酒所需糯米原料最高可达1万斤。1991年，魏世杰老人因年事已高，魏家醪酒从此歇业。

根据时年85岁的魏世杰老人亲述，魏家醪酒酿制工艺过程大体如下。

做醪酒时，先于前一日晚上将30斤糯米浸泡在洗干净的大陶瓷盆中（魏家醪酒用的是家传陈年陶瓷盆），第二天早上把米捞出来，上蒸笼，水汽浮出后，加火再蒸大约半小时后出笼，盛在木槽中降温。整个过程中注意盛器洁净，不得沾油或生水。暑天酒糟温度需稍微凉一些，冬季酒糟温度略高一点，把手插在曲里略有温热感正好。

降温后的酒曲撒入酒糟，用手反复搅拌，让酒曲与酒糟充分融合。通常1斤糯米放2克左右酒曲。曲放多了，酿出的酒苦味重、口感不好。

酒曲用量也要看产地，魏家通常使用贵州酒曲和上海酒曲。

酒糟与酒曲拌匀后装入大老盆（当地方言，指大的陶瓷盆），按瓷实；在酒糟中心处按压出一个小碗大小的坑，轮廓要光洁严整。然后用厨用纱布等物将老盆封口，放在土炕上，盖上棉被发酵。

第一天温度控制在25度以下，第二天加温到30度左右，始终保持老盆中上部与上部温度基本一致。夏天醪糟发酵3天就可以下炕。发酵过程中，控制温度是关键。温度过冷酒曲不能发酵，过热酒曲会被"烫死"。控制温度，全凭双手感觉和经验。

酒糟做成后，此前老盆上面按压出的小坑里储满了清凉醪酒，满院飘香，"澄"出来置于阴凉处，这一波醪酒就算做成了。

榨香油

盐池地方百姓历来到作坊榨油，榨出来的油俗称土榨油。土榨油坊分为大榨和小榨。大榨油坊在当地占到大多数。当地传统农作物中，能够用来榨油的，通常仅有胡麻、芸芥、大麻（俗称"麻子"）三种。

土榨榨油通常要在设备齐全的专门油坊内进行。主要设施设备包括炒锅、风车、石磨、蒸锅、油梁、油墩、木楔、倒练等。

准备榨油时，先要炒油籽。把胡麻、芸芥或麻子任意一种单独投入直径一米多的大铁锅里翻炒，通常以沙蒿、荞麦秸秆等"软草"作为燃料，火势不能太硬，否则容易炒煳。炒籽师傅用长柄木铲不停翻炒，炒至八九成熟即可。炒得太熟，出油率偏低。大铁锅口，后期加工成半簸箕状，一边开口，便于将炒好的油籽清扫出锅。

炒好的油籽投入农用风车，把秕子、细枝末叶除去。

接着开始磨油籽。磨油籽的石磨又大又沉，通常直径超过1米，单扇厚度在三四十厘米之间，须套上两头大骡子才能拉动。

然后把磨出的油泥投入固定的大铁锅上蒸，半小时后出锅；把蒸好的油泥倒到地上（之前处理好的干净地面，已多次用过），加适量热水，由"油抱子"（俗称二师傅）开始反复踩踏，直到把油泥踩得柔软略带黏性后，投到直径约80厘米的圆形"模子"里，用沙冰草（当地产，也叫草蒌子冰草）包成约40厘米厚的"油砣"（一锅油籽约能包成5块油砣），再把这几块油砣摞在一起，整齐摆到油坑上方的油梁支点之下，在油砣周边围上木条，油砣上面盖一块与油砣大小相当的、约25厘米厚的榆木盖板，准备"开榨"。

开榨时，先用手工"倒练"将油梁缓缓降下。油梁通常直径1米、长12米左右，多为当地榆木大料做成。因其巨大，材质难寻。当时周边地区最为出名的大油梁是定边县城一家油坊商号，使用红柳做油梁，轰动一时。红柳为当地舒缓常见树种，不足为奇，但绝难长成大材。能够长成油梁一样的大材，几乎得数百年树龄了。

当油梁大头缓缓降下，下面圆木支点正好落到油砣盖板上时，由"油抱子"用铁榔头在油梁大头上面与油墩之间打进木楔，木楔通常备有3块，薄厚不等，交替使用，使油梁逐步加压，挤压出油砣里的油脂来。油梁在木楔作用下降到极限后，再用"倒绞"将油梁缓缓升起，去掉木楔，二次将油梁降下，在油梁动力臂挂上两个约300公斤重的石滚后，再次用"倒练"将油梁升到极限高度，在油梁大头之下再揳入木楔，油梁二次加压，油脂从油砣中缓缓流出，流进"油坑"，叫作"头淋油"（上等油）。等到油砣基本没有油继续流出时，升起油梁，取出油砣，解开沙冰草（沙冰草反复使用4次后即废），用铁榔头打碎油砣，再上蒸锅，蒸好后出锅，二次加水，再由"油抱子"踩踏、包装，重复前面每道工序，二次榨出的油叫"二淋油"。"二淋油"流入油坑与"头淋油"混合，即为成品油。

从炒籽到出油，整个工序前后持续约一昼夜，全程由"大师傅"指挥。

这种土榨榨油工艺在民间传承了上千年。既是体力活，又是技术活。俗话说"油梁一张纸"。十几米长的油梁在手工操作过程中，油梁支点与油砣盖板之间难免存在误差。"大师傅"会根据油梁倾斜度在油梁大头底下撑一刀麻纸（厚2~3厘米）。油梁偏左时，在左边撑纸，油梁向右倾斜时，在右边撑纸。

至于炒籽火候、磨籽粗细、包油加水等过程都是影响出油质量、出油率的关键。所以商号油坊多高薪聘请有经验的"大师傅"亲自"掌榨"。

油墩是建在油坊顶上两米多高的竖直建筑，内部结构以石块镇压油梁大头上部。使油梁在楔子作用下压时，不致因压力过大把房顶翘起。油墩也是油坊的标志，远远看去，如大烟囱般竖起，当地人就知道定是油坊了，绝不会错。

大榨油坊每榨能处理200公斤油籽。只有大商号油坊或农业合作社时期才有这样的大榨油坊。

清末到民国年间，盐池县城花马池曾经开设的大榨油坊有兴盛泰、树德和、德顺和、万盛隆、万盛源、万盛长、宝生珍、聚和兴、复盛兴、德盛李、和合意等商号；另有曾记畔冯万仁家，郑家堡子郑家、张九思家，孙家楼孙喜家、孙学成家，狼洞沟杜士家，方山吴万寿家，古峰庄刘占海家，红井子张家，苏步井油坊梁大油坊及大水坑、惠安堡商号大榨油坊等20余家。陕甘宁边区时期全县大榨油坊存有17家。

小榨油坊设备简单，不用油梁，仅靠榔头砸楔子把油挤榨出来。

另有土炼油法，很少用到。方法是先将麻子炒熟，用石碾碾成糊状后投到锅里煮，把浮在水上面的油层"撇"出来，直到水面无油可撇为止，再把撇出的油倒入锅里炼，除去水分即成麻油，其品质低劣，不足用。

如今大麻禁种，胡麻、芸芥产量低，农村逐渐放弃种植；加之大多年轻人不愿从事这一辛苦行当，传统数百年的土榨榨油技艺在当地面临失传的尴尬境地。

做豆腐

民国年间，盐池县城花马池共有豆腐作坊3家。

党二豆腐坊，店主党二，1917年前后开业，作坊位于北街，1928年停业。

小李豆腐坊，店主姓李，山东人，1926年开业，作坊位于北街，1934年其子李二银子承父业，大约到 1942 年停业。

魏记豆腐坊，店主山东人魏蛟，1923 年开业，作坊位于北街，1930 年魏蛟去世后其子魏长玉继续经营，于 1950 年前后停业。

中华人民共和国刚刚成立时，盐池县城只有两家豆腐坊。其中冯记豆腐坊位于十字街东，店主冯米仓，陕西榆林人，后院做豆腐、前店卖豆腐（俗称"前店后院"，当时盐池县城众多商铺多为此格局），1938 年开业，1955 年公私合营时停业。

张记豆腐坊，店主张洪，山西人，1912 年前后辗转定居花马池城，以做豆腐谋生，作坊位于十字街西。张洪之后，其子张进福、孙子张轩承其业，皆以开豆腐坊为业。

张家做豆腐比较讲究，点豆腐的方法也略有不同。

别家做豆腐就近取用县城北门井水。张家做豆腐用水取自城西 4 公里外的八堡井水，用驴驮回。

张家豆腐工艺程序大体是：选择饱满的黄豆，过筛、簸去杂质，破成豆瓣，然后泡水 8 小时后上磨，磨出豆浆后盛在铺好纱布的竹木框里，泼开水，搅匀后包裹纱布，挤压出豆浆直接流入锅中煮，豆浆煮开后，小火再煮 3~5 分钟，撇去浮沫，轻轻搅动降温。5~6 分钟后豆浆温度降至 80 度左右，点卤水。卤水与豆浆混合后慢慢搅拌，形成"豆花"，也叫"豆腐脑"。将豆花倒入铺好纱布的竹木筐中，盖上木板，用"杠子"挤去多余水分，二三十分钟后，豆腐做成了。

张家点豆腐不用石膏卤水，而是用豆浆发酵生成的浆水，其法源自张洪家传。所以张家豆腐口感细嫩，洁白如玉，富有弹性。每日一大早，张家豆腐坊前排满了买豆腐的人群，口碑越来越好。

张家豆腐每天只用 60 斤黄豆，做出 180 斤豆腐，卖完为止。过红白喜事的人家需用大宗豆腐的，可提前定做。

盐池当地传统以种黑豆为主。黑豆做豆腐油性好，豆香浓，但颜色不够白净；所以当地做豆腐仍以黄豆居多。

1955 年公私合营后，张轩被安排到县食品公司，仍为做豆腐的工人。

话说"九曲黄河龙门阵"

文 / 李月新

　　"九曲阵里走一走，轻松活到九十九。"这是流传于盐池县民间的一句民谣。

　　盐池县位于陕甘宁内蒙古四省区交界地区，黄河河套"几"字形之南沿，北倚长城朔漠。境内隋明长城4道259公里，横亘绵延。长城文化、黄河文化、游牧文化、农耕文化、红色文化交融发展，是闻名遐迩的中国滩羊之乡、甘草之乡、荞麦之乡。

　　盐池县水草丰茂，风光旖旎。"风吹草低见牛羊""绿杨著水草如烟""白池青草古盐州"这些古诗是对盐池的最好诠释和赞美。

　　20世纪90年代以来，在国家政策扶持下实施了陕甘宁盐环定扬黄工程，从此黄河水滋润着盐州大

🏮 早期的"九曲黄河龙门阵"

草原，产业兴旺、生态宜居、乡风文明。滩羊、黄花菜等特色产业成为脱贫富民的支柱产业。2018年，盐池成为宁夏首个国家级脱贫县。

黄河水哺育着盐池儿女，福泽了万千百姓，人民对美好生活的追求愿望也越来越高。老百姓期盼已久的九曲民俗文化园也建成投入使用。古老的"游九曲"民俗文化活动因时传承，历久弥新。相传，九曲黄河龙门取自黄河九曲十八弯九折九回，发源于青海巴颜喀拉山脉的黄河九曲十八弯，流经青海、四川、甘肃、宁夏、内蒙古、陕西、山西、河南、山东9省区，注入渤海。黄

河文化成为中华民族文明最重要的组成。

关于"游九曲"的起源，历来有各种各样的故事和传说。

传说姜子牙受西伯侯之邀领兵伐纣，闻太师为保殷商江山请来赵公明率兵抵御，不幸阵前丧生，其师妹号称"三宵娘娘"的云宵仙子、琼宵仙子、碧宵仙子为兄报仇，摆下"九曲龙门黄河阵"，阵内暗藏先天秘宝、生死机关，外按九宫八卦连环进退。列阵者不过六百，不啻百万之师。纵是神仙入阵，也必神消魄散。凡人入阵者，即绝。三宵娘娘将玉虚门下十二位真人用混

◆ 2024年的九曲民俗文化园
摄影/郭小龙

元金斗压入阵中，姜子牙无计可施，无奈亲上昆仑山，请出祖师元始天尊才破得此阵。

另一传说与战国孙膑有关。庞涓妒孙膑才华，处处与其为难。孙膑无奈摆下一座"九曲黄河龙门阵"对庞涓说："你若能破得了我的'九曲黄河龙门阵'，我便拜你为师；你若破不了阵，以后咱师兄弟和睦相处，好不好？"庞涓一心想在才能上压倒孙膑，满口答应，大摇大摆进入阵中，正转、反转、左转、右转，七七四十九天后，愣是走不出来，只好认输。

三国时，传说诸葛亮以九宫八卦推演八阵图排兵布阵，其中"九曲黄河龙门阵"威震群雄。

史载，洪武四年（1371年）到洪武五年（1372年），密云共移来山西移民35个屯，古老的黄河阵灯会也随之移来。明人刘侗《帝京物略》记载：正月十一日至十六日，乡村人缚秸作棚，周悬杂灯，门径曲折，藏三四里，入者如不得径，即久速不出。

随着时代变迁，"九曲黄河龙门阵"早已不再是兵戈战场。"转九曲"成为普通老百姓祈求平安幸福的吉祥场所。

二

听老辈人讲，自清末民国初以来，盐池就有"游九曲"习俗。

而在我的记忆中，大约是1986年的正月十五，父母带我在县城游九曲。九曲阵是用细木椽子、竹竿扎在城内一片空阔的黄土地上。人特别多，唢呐手在前面开道引领，游人群众缓缓跟着前移，夜幕之下，灯火点点，犹如一条弯弯曲曲的长龙。游完九曲，所有人腿上沾满了尘土，大家丝毫都不介意，脸上挂着幸福的笑，感觉游完"九曲"，就真的百病全消、烦恼皆无了。

自1993年春节起，开始由政府有关部门牵头，为群众搭建"九曲黄河龙门阵"。搭建材料由椽子、竹竿等变成了钢管，更坚固安全。同时举办全社会共同参与的花灯会，游九曲的人越来越多，辐射周边县、旗，游人最多的一年达二三十万。

2018年，县委、县政府为满足人民群众对"游九曲"的热情和文化建设需求，规划建设了九曲民俗文化园，内设"九曲黄河龙门阵"。2019年春节，盐池九曲民俗文化园接待游客近50万，被中央电视台等多家媒体轮番播报，"游九曲"作为非物质文化遗产重要载体，重新焕发生机，闪亮登场。

盐池九曲民俗文化园占地19.09亩，位于著名的长城关北侧，呈"天圆地方"结构，外围为大圆形，象征"天圆"，里面九曲黄河龙门阵以九宫格形式，形成大的正方形，寓意"地方"。"圆"指和谐圆融，"方"乃做人根本。

"九曲黄河龙门阵"南门百米处立有九龙照壁，上刻福、禄、寿、喜、吉、祥、安、康、顺九个寓意吉祥的汉字。游九曲就是为了追求和寄托这九个吉祥汉字内在含义。中国传统文化中九为最大数，九即代表了多、代表了满。然月满则亏、水满自溢。比如故宫万间房，只建九千九百九十九点半间一样，不宜太满。每个人的追求不尽相同，有的人想长寿，有的人想事业有成、爱情如意，都可以在照壁前摸一摸代表心中愿望的吉祥字，或进九曲转一圈，愿望也许就真的达成了。

游九曲时，有游客自带小花灯一盏，挂于阵内立柱之上，形成百家灯阵，很是壮观。

另有"偷灯"习俗。据说"偷"得绿灯生闺女，"偷"得红灯生男孩。所以在游九曲时常常会有守灯人或老人故意怂恿年轻媳妇："'偷'灯啦，'偷'灯啦！""偷灯"是要还灯的，今年"偷"得一盏，来年须还两盏。

九曲龙门阵中设置了形态各异的百只滩羊，形成"百羊阵图"。中国传统文化中，羊代表了吉祥、孝顺、反哺、和谐、美好等寓意。

三

九曲龙门阵有右仪门和左仪门两个门。游九曲只能从右仪门进，左仪门出。进入阵后不能走回头路，寓意"人生不走回头路"。事实上，人生也没有回头路可走。

九曲龙门阵入口牌楼的结构为四柱、三间、七楼。"四柱"寓意天地四柱；"三间"中，中间为帝王之道，两边为文武之道；七层楼以次第上升结构排列，寓意层层升高、步步登高。有讲究的游客进阵后，会摸一摸、碰一碰阵门四柱，寓意家庭稳固、事业稳固、爱情稳固。

阵内九宫九格曲折回环，龙门雕梁画栋，飞檐翘角。四角四个烽火墩台代表春夏秋冬四季，365根灯杆代表一年365天。游九曲寓意一年四季幸福安康，万事顺意。中宫七星柱上，蛟龙盘柱戏水，在365柱彩灯照耀下，活灵活现。

"九曲黄河龙门阵"中的第一曲为"福中福"，方位西南，五行属土，寓意阴柔、静止、含蓄，寓意五福俱臻，福气满满。

二曲为"禄路通"，方位西北，五行属金，图案为五个葫芦，寓意禄路绵长。

三曲为"寿无垠"，方位东北，五行属土，代表山，稳健、静止；图案为寿桃，寓意长寿无极。

四曲为"喜上喜"。方位东南，五行属木。代表夫唱妇随，四时充美。图案荷花，寓意琴瑟和鸣，和和美美。

五曲为"吉瑞兴"。方位为

东，五行属木。寓意吉祥、吉利，引申为善为贤。图案为"元宝"，寓意吉利富贵、大吉大利。

六曲为"祥光凝"。方位为北，五行属水，象征水，外柔内刚，寓意吉祥、美善。

七曲为"安定远"。方位为西，五行属金。寓意平安、宁静；图案为宝瓶，亦为富贵平安之意。

八曲为"康泰生"。方位为南，五行属火。代表安康、强健、富裕、广大，图案为嘉禾麦穗，寓意人生丰泰，安康平顺。

九曲为"顺顺顺"，方位居中，五行属土，寓意中庸之道，中正人和，九九归一；图案为中国结，有"盘长"、永无止境之意。

中宫七星柱上的"七星灯"代表北斗七星，最上面的神兽为狴犴，龙之三子，又名"宪章"，代表公正、正直、明察、威严。

神兽所坐托盘叫作承露盘——承天上玉露，化为甘霖，以润万物。

游完九曲后，还可以敲吉祥钟，最多可敲九下，暗合人生"九意"（春、夏、秋、冬、山、水、雪、雨、风意），四时吉祥。

其实游九曲就像人生之路，曲曲折折，只有奋力前行，持之以恒，总有一盏明灯会为我们照亮，终会苦尽甘来。

在盐池当地，游九曲有"一年十游"之说：上元节祝福游、二月二迎春游、三月三祈雨游、四月初八踏青游、五月端午祛病游、六月六日顺阳游、七月七日乞巧游、八月十五献月游、九月九日祝寿游等。

只要你心中有所期盼，不妨进来走一走、转一转，也许就万虑皆消了。

◈ 长城风光　摄影 / 李群育

盐池滋味正养成

文 / 魏水华

在中国，带有"盐"字地名，大多有着极为复杂的历史地缘文化背景。

山西运城盐池，背后承载了中华文明发端与绵延的强大支撑。

江苏盐城，背后透出了淮盐漕运在南北文化交融历史大背景下纵横捭阖的身影。

四川自贡盐都，背后述说着井盐开凿技术更迭、中原王朝与贵州土司经济博弈的传奇。

云南盐津，背后记录了南诏、大理等西南地方政权与中央王朝纷争变迁的故事。

宁夏盐池，亦不例外，两千多年来不断演绎着"天苍苍、野茫茫，风吹草低见牛羊"的悠扬故事。

盐池，这座地域面积接近全国千分之一的边塞小城，深藏于巷，少为人知。

盐池所在的宁夏东部，属于黄土高原向黄河河套平原、毛乌素沙漠过渡地带。因为地缘地理特征，自古以来盛产食盐。

煦衍、盐州、花马池这些曾经的历史地名，无一不说明盐池因"盐"而得名。

著名的400毫米等量降水线从盐池县境穿过，证明了当地并非只适合于游牧。在茫茫草原之上，中原农耕文化也一直在悄悄生长。

在表面的粗犷之下，萌动着质朴生机，这是盐池的地理，更是盐池的性格。

荞麦，是盐池最具代表性的传统农作物之一。

耐旱、喜光，一如盐池人的性格。

巨大的昼夜温差、灰钙土在干燥空气环境影响下，孕育了品质绝佳的优质荞麦。

明人王圻《三才图会》记载说："荞麦实肠胃，益气力。"

口味清爽、易形成稳固凝胶体、有调和养胃益气之效的荞麦面，被当地人制成极具地方特色的面食——饸饹。

元人王祯《农书》载："荞麦，北方山后，诸郡多种，治去皮壳，磨而为面……或作汤饼，谓之河漏。"

做饸饹，要用到一种独特工具——饸饹床子，是利用杠杆原理，把荞麦面团从饸饹床子下面的镂空小圆孔中漏出来，形成筋道、匀长的面条。

盐池人很早就掌握了这种特色面食的制作要领。

当地人最喜欢以羊肉臊子调以辣椒红油搭配饸饹，这是盐池汉子们最爱的硬核早餐。

苦荞，是荞麦的另一个品种。味苦，却具有中药的特性。

清人刘若全《本草述》记载："荞麦气味甘，干寒无毒……愚按荞之始终，皆得金气之全者也，故谓其降气，第兹味金合于火，以得生化。故其叶绿而茎赤，且最畏霜，其不禁霜者，金之化原在火也，是其降气宽肠，炼五脏滓秽，而有剩功者此耳。"

著名的荞醋，就是用苦荞酿制。而苦荞茶却是直接以烘焙过的苦荞冲泡而成，味甘、焦香，带有浓郁的炭焙茶风味。

芝麻蜜香瓜和沙地西瓜，是盐碱地上的奇迹。

芝麻蜜香瓜和沙地西瓜都是沙地蔓生水果。在沙漠缺水环境下，降雨有强烈的季节性特征，芝麻蜜香瓜和沙地西瓜由此进化出一整套应对自然法则的生物机制。丰水期尽可能多地吸取水分和养分，然后依赖当地长时间光照，孕育生成大量营养物质，保存在瓜体内，为枯水期"留有余粮"。

沙地西瓜脆皮沙瓤，在清甜和爽口之间实现着完美平衡；而"围着火炉吃西瓜"也似乎以另一种方式体现着盐池人的性格特征——热情、豪爽、不拘一格。

芝麻蜜香瓜一经剖开，汁液轻溅，满眼嫩黄，绿皮黄瓤，清香入鼻，对品尝者来说，"好吃"两字足以当之。

1936年6月西征红军解放盐池县后，使这个两千多年来孤悬寡援的西北边陲军镇第一次进入历史璀璨的聚光灯下，成为陕甘宁边区的经济中心和富源。

1942年12月，毛泽东在陕甘宁边区高级干部大会上所作《经济问题与财政问题》报告中指出："应由政府从盐池买一批滩羊，发给羊多的农家配种，每一头公羊可配二十只母羊。这种羊毛很细软，且每羊年产二斤""我们如能认真实行以上各种办法，边区的畜牧会有更大的发展，希望建设厅及各县同志加以注意。"

延安革命纪念馆中，至今展出一张毛主席戴毡帽开会的照片。毛主席戴的这顶毡帽就是当时盐池元华工厂生产的。据秘书回忆，毛主席特别喜欢这顶滩羊绒做的毡帽，常常戴着它外出开会、作报告。

抗战时期，元华工厂生产毡帽也算显了威风，有根据地革命群众常常戏谑道：八路军土包子，头上戴着毡帽子，打仗就像钢炮子……

进入新时代，盐池滩羊同样扮演着书写奇迹的角色，滩羊美食，继续传承着历史。

清炖，是最能保持滩羊肉原味的做法，只需要撒入盐、葱和几片萝卜，就能将滩羊肉的美味发挥到极致。

碗蒸羊羔肉，通过木质笼屉将羊羔肉特有的嫩香味熏蒸出来，是一年四季都可以品尝的最佳滋补。

手抓羊肉待尊客，大块羊肉"打平伙"……

盐池人不断地书写时代故事，而现实生活也同时记录了盐池社会的变迁。但有一点似乎从来都没有变化——咸香清爽，正是盐池滋味。

盐池，多元地域内涵交融的文化日常

文 / 何清颖

盐池，一个从地名就能看出其历史端倪的地方。

塞上边城、红色老区、滩羊之乡……这些被人们所熟知的盐池标签，追本溯源，都要回到"盐"这个关键字上。

盐，不仅仅是生活的调味，更是人类生存发展的推进介质。纵观人类历史，食盐产地往往也是人类最早开发和定居的地方。

在 5000 多年前，中国先民就开始刮取海滨咸土，淋卤煎盐。到了春秋时期，齐相管仲推行"官山海"政策，盐由官民并制，产品则全部由官府统一运销。秦汉以来，除隋文帝开皇三年（583 年）到唐玄宗开元十年（722 年）的 139 年间开放全国海滩、盐井、盐湖，任由民间自由产销外，其他历朝历代大都实行食盐专卖制度。

汉时，朝廷在今盐池地区金连盐泽（今北大池）、青盐泽（今花马大池）置典盐官。说明至少在汉代，今盐池一带盐湖所产食盐已由朝廷管理。《旧唐书·食货志》上篇载："乌池在盐州，旧置榷税使。长庆元年三月，敕乌池每年粜盐收博榷米，以一十五石为定额。"

回眸两千多年历史，一如因盐而生的其他城镇一样，盐池县的生命历程充满了传奇。朔漠、草原、牛羊、盐湖、长城、古堡、烽燧……正是缘于这一切，盐池顺应历史宿命，成为枢纽通衢、烽火边城。

终于，煌煌过往变成断墙残垣，沉淀出多元多彩的文化遗产，最终破茧升华，化作续写盐池未来篇章的底气和不竭动力。

盐池：西部边陲的千年盐路

盐，是盐池县的先天优势和发展基础。产盐的盐湖多位于干旱半干旱地区。我国的盐湖产区多位于一条关键地理分界线的西北部，即年均 400 毫米等降水量线，这条分

◆ 历史上，盐池地区以盛产食盐著名，境内盐湖众多。北部有北大池，东部有苟池、花马大池、细项池、瓦窑池，南部有花马小池等。　摄影／何武东

界线贯穿盐池县境。

盐池县位于黄土高原向毛乌素沙漠过渡地区，既受草原游牧文化影响，也传承了中原农耕文化文明。盐池县距离被誉为"塞上江南"的宁夏西河套平原只有百余公里。从远古到先秦，河套平原一直是游牧民族纵马挽弓射大雕的畅行乐土。汉武帝时，开始进行大规模移民，开垦这片丰饶土地，向农耕文化文明发展。

河套平原完全开发后，盐池地区拱卫中原门户的地位愈发凸显，"羽翼陕北、控扼朔方"成为其关键代名词，承接了中原王朝与游牧民族之间最直接的碰撞。和平年代，商贸昌兴，与北方游牧民族互市相洽；一旦发生争端，这里便成为前沿阵地。

盐池境内虽多沙碛，但低洼

处却也多泉眼、湖泊。因地处要津，境内长城关隘、高城坚垒、军屯城堡遍布，构筑起纵深防御工事，成为"灵夏肘腋，环庆襟喉"军事要冲。

如今仍留存于境内的4道250余公里隋、明长城，与烽燧、戍堡、壕堑守护相望，昭示着千年过往中的历史沧桑。

早在春秋战国时期，今盐池地区被称为"西戎"地，为北方各少数民族杂居地区，公元前106年，西汉在该地区设置了昫衍县。

"昫"同"煦"，日光出温也；衍，低而平坦的土地，亦有沼泽之意。"昫衍"即湿润如阳光般的平坦沼泽之地，因此多出盐湖。唐人李泰《括地志》载："盐州，故戎狄居之，即昫衍戎之地，秦北地郡也。"

历史上，盐池地区以盛产食盐著名，境内盐湖众多。北部有北大池，东部有苟池、花马大池、细项池、瓦窑池，南部有花马小池等。北大池，秦汉时期称金莲盐泽，隋唐时期称白池。苟池、花马大池，秦汉时期称青盐泽，隋唐时期称乌池。这些盐湖在先秦与秦朝时期属西戎之地，因此所产之盐被称为"戎盐"。

晚唐、五代到宋初时期，灵州为丝绸之路必经之地。其中灵州至环州段内，盐州境内南部今盐池惠安堡、萌城地区为其必经驿路。

到了明代，于隆庆四年（1570年）达成的"隆庆议和"，实现了蒙汉民族交往与融合。《嘉靖宁夏新志》载：长城关上建有关楼，高耸雄壮。上书深沟高垒、朔方天堑、北门锁钥、防胡大堑等字。下设暗门，门外设市场，汉蒙每月交易三次。

"隆庆和议"后，朝廷在九边各镇开设马市11处。其中在宁夏镇开设马市三处，即清水营、中卫和平虏卫。这些都是每年开一次的"大市"。万历六年（1578）后，朝廷又准许在宣府、大同、山西、陕西、宁夏、甘肃等地普遍设立"小市"。小市一般每月十五日以后开市两到三天，允许牧民前来贸易。花马池长城关外的"关市"属于"小市"。小市一般都有指定的地点，不限规模，买卖频繁，人皆称便。

陕甘宁边区时期，食盐产销更是被边区政府作为当务之急的大事来对待。食盐与皮毛、甘草合为边区"三宝"，支撑起边区政府财政的半壁江山，包括盐池在内的三边地区也成为陕甘宁边区的经济中心。

当人们对西北边陲之地充满"大漠孤烟直，长河落日圆"的浪漫遐想时，却忽略了那里曾经挥洒过不计其数的血泪汗水。如今登上长城关，回望这座边城，荒尘古道遗迹尚存，金戈铁马却早已经幻化为厚重沉郁的城市底色。

也许，只有盐马互市中各民族交融发展留下的历史尘烟没有完全散去，继续为这片土地增添熠熠的光彩。

多元文化碰撞出的生活日常

行旅过往的落脚点，往往也是多元文化的交汇点。

北方游牧民族带着草原上的羊群、毡毯、皮革来到盐池湖畔，从汉人手里换走粮食、食盐和布匹。自明代以来数百年间的互市互利中，各民族间的生活习俗、饮食习惯、手工技艺也烙上彼此的印记。

清代《宁夏府志》载，当地人"衣布褐，冬羊裘"。羊裘，专指滩羊二毛裘皮。

滩羊是蒙古羊的分支，属于粗毛型裘皮用绵羊品种。滩羊产品中，最著名的当数"二毛皮"。二毛皮是指1月龄左右、毛股7~8公分长的羔羊皮。滩羊羔初生时，头尾四肢长有波浪形毛股，毛纤维均匀细软，皮板柔薄坚韧。据说，早些年商人贩运二毛皮时，常常将其卷起来装入竹筒运输，其皮质的轻薄柔软可想而知，是名副其实的"轻裘"。

二毛皮的鞣制技艺也体现了就地取材的劳动智慧。在几十道工序中，都要使用一种矿物质——硝。硝与盐是孪生兄弟，当地盐湖"春泛盐、秋泛硝"，当地人发现硝可以去除皮板臭味、稳固皮板毛根、保持裘皮温度，于是一直沿用了这个秘方来处理加工皮毛制品。

滩羊全身都是宝：羊毛可用来制成地毯、毛衣、鞋袜；羊皮可缝制皮衣、手套，加工为皮具；羊小肠还可用作天然医用缝线。然而，全国的老饕们更向往滩羊的美味口感。

盐池是滩羊的核心产地，当地草原温差大、日照足，天然生长着甘草、苦豆子等优质牧草一百多种，其中几十种属于中药材；当地以淡灰钙土、灰钙土为主，有机质含量少，水土中硫、磷、钙等矿物质含量丰富。

《舌尖上的中国》关于宁夏美食的节目中有一句台词："几乎所有中国的美食家都认为宁夏的羊肉质地最佳。"

滩羊肉肉质细嫩，不膻不腥，含脂率低，口感富有韧性和弹性。

🔶 食盐与皮毛、甘草合为边区"三宝"
摄影 / 何武东

至于羊肉的吃法，勤劳质朴的盐池人通过蒸、煮、炒、焖、烤……呈现出吃羊肉的十八般武艺。

最常见的滩羊肉做法是清炖。最高级的食材往往要吃它的本真滋味。用文火白水炖煮滩羊肉，在时间的魔法中，等待肌肉纤维软化。装盘前，要撒上搭配滩羊肉的灵魂味料——当地所产的盐末。

或者炸出外酥里嫩的羊排，撒上由椒盐、辣椒粉等秘制而成的调味料；或取用最细腻的羊羔肉，通过爆炒迅速锁住羊肉的鲜嫩；招待远道而来的客人，用烤全羊再合适不过了，烤全羊靠的是耐性，品的是过程；随时随地都能拿出来享用的风干羊肉，异乡人咀嚼出了边塞风情，家乡人吃出的却是乡味……

享誉塞上的羊肝凉皮，将关中凉皮与滩羊肝完美结合，筋道的凉皮与辣爽的羊肝相得益彰，吃下一口，唇齿生香。受到蒙古族牧民同胞启发而做成的酸奶、奶皮子、奶子干饭、酥油渣等食品，奶香四溢，成为盐池人的童年回忆。

由"羊"延伸开来的生活方式和文化表达只是管窥盐池的一个切面——盐池滩羊参与书写了盐池人的生活日常和文化传承。

不妨以此为起点，重新梳理盐池千年发展史，从礼仪、习俗、饮食、手工、艺术等方面打捞出其他低调但同样精彩的非物质文化遗产，相信这些根植于盐池，而又形塑了盐池的文化精华，每一项都值得细细品味。

盐池红山沟 摄影 / 李群育

本书作者

李月新　宁夏盐池县人，主编《历代诗词咏盐池》，先后在《中国工商报》《中国网》《宁夏日报》《吴忠日报》《盐州文苑》《古峡文学》等报刊发表文章多篇，《盐池非遗》主编。

石杰林　1991年生于宁夏盐池。有作品在《南方都市报》《诗刊》《扬子江诗刊》《诗选刊》《延河》《山东文学》《黄河文学》等报章杂志发表。诗歌入选诗刊社主编的《我听见时间：崛起的中国90后诗人》等选本，主编《中国·盐池滩羊文化大观》等三部书，《盐池非遗》执行编辑。

侯凤章　1956年生，宁夏盐池人。宁夏作家协会会员。出版文集《火热的羡慕》《闲心感悟》《坐看流云》，长篇小说《山和梦》，文化随笔《古老草原上的烽烟》《盐池地名故事》《史话营盘台》等。

闵生裕　70后，宁夏盐池人。中国作家协会会员，宁夏作家协会理事，中国评论家协会会员，中国硬笔书法家协会会员。出版散文随笔集《拒绝庄严》《都市牧羊》《一个人的批判》《闵庄烟火》《操练自己》等七部。散文《盐池羊图腾》被《散文海外版》转载，并入选《中国2023生态文学年选》，《寻找失去的草原》获"美丽宁夏"全国生态散文创作大赛一等奖。

周永祥　盐池县民间艺术协会荣誉主席，宁夏作协会会员，宁夏非物质文化遗产野湖井传说传承人，出版专著4本，参与盐池县十多部志书的编写工作。

张树彬　1948年生，宁夏盐池人。宁夏作家协会会员，宁夏诗词学会会员。参与十余部地方或部门志书的编修。出版《红色记忆——革命老区盐池县》《地方文化探微》等。

何清颖　人类学者、媒体人，长期关注地方文化活动。曾任中国国家地理"地道风物""风物中国志"系列丛书编辑、作者。

马久之　1996 年生于北京，2021 年硕士研究生毕业于北京联合大学历史系。现供职于国家图书馆。

魏水华　专栏作家、美食纪录片顾问，《中国国家地理》撰稿人，《中国大百科全书》饮食文化百科主笔。

冯大伟　1989 年生，重庆人，自由摄影师。中国国家地理合作摄影师，国家地理中文网特约作者。摄影作品《利嘉咀》获第二届京东摄影金像奖纪实一等奖，同时入选第二届"中国民族影像志"摄影展；摄影作品《西安村》入选第三届"巴蜀青年"摄影展。

何武东　生于宁夏盐池县，诗人、画家、自由摄影师。从事非物质文化遗产保护工作十多年至今。摄影作品、油画作品曾参加展览，摄影作品曾获得自治区级银奖；有非遗文章、诗歌、油画作品见于报章杂志及选本；著有诗集《纸边界》。

鲁贤斌　诗人、自由摄影师。摄影作品《向山行》参加2021 年"致敬贺兰山·万物生长"艺术展；《童色》参加2021 年丽水国际摄影节并获得优秀展览奖；《幻颜》参加2022 年第九届济南国际摄影双年展并获得最佳展览奖。

杨　恒　山东济宁人，曾为《地道风物·MOOK》《风物中国志》系列书籍设计师，现为展览设计师。

长城关锁　摄影 / 陈静